CREADOS
PARA PROSPERAR

El poder de los principios biblicos

MARIA WATKINS

Las citas bíblicas marcadas como NIV se toman de la Santa Biblia, New International Version®, NIV® Copyright © 1973, 1978, 1984, 2011 por Biblica, Inc. Usadas con permiso. Todos los derechos reservados a nivel mundial.

Las citas bíblicas marcadas como NKJV son de la New King James Version® Copyright © 1982, Thomas Nelson. Todos los derechos reservados.

Primera edición 2025
ISBN tapa blanda: 979-8-9921279-9-7

DEDICATORIA

Este libro está dedicado con todo mi amor a mi abuela, Carmen Quintanilla, la primera emprendedora que conocí. Fue una mujer de fe inquebrantable, perseverancia incansable y un amor sin límites. No solo me enseñó sobre negocios, me lo mostró con sus acciones, con su manera de ser y con la firme determinación que llevaba en el alma. Me enseñó a vender, a negociar, a enfrentar tanto los buenos como los malos momentos, pero sobre todo, me enseñó a confiar en Dios en cada paso del camino.

Nunca voy a olvidar cómo me miraba, con unos ojos llenos de confianza, como si ya pudiera ver la mujer en la que me iba a convertir. Desde muy pequeña, me confió responsabilidades en su negocio, no solo como ayudante, sino como alguien en quien realmente creía. Me llenó de sabiduría, paciencia y fe, mostrándome que emprender no se trata solo de ganar dinero, sino de tener resiliencia, actuar con integridad y confiar en la provisión de Dios.

Con el tiempo, he comprendido que sus oraciones son la razón por la que sigo aquí. Su amor fue ese ancla que ni siquiera sabía que necesitaba, y su ejemplo me formó de maneras que aún sigo descubriendo. Fue, y siempre será, la mujer más fuerte que he conocido.

Este libro está dedicado a ella, con gratitud por todo lo que me enseñó: por cada lección, cada sacrificio, cada oración en silencio. Te extraño, te amo y llevo tu legado con orgullo. Gracias, Buelita Carmen.

AGRADECIMIENTOS

A mis dos mayores bendiciones, Bentley y Carson. Desde el momento en que Dios los puso en mi vida, supe que estaban destinados a la grandeza. El espíritu emprendedor corre por sus venas, y hay un fuego dentro de cada uno que algún día abrirá caminos para el Reino de maneras que aún no podemos imaginar. No son solo mis hijos, son futuros constructores del Reino, instrumentos poderosos que Dios usará con fuerza a través de los negocios, el liderazgo y una fe firme.

Gracias por creer en mí, por estar a mi lado con paciencia y comprensión mientras ponía mi corazón en este libro. Sé que hubo momentos en los que pasábamos menos tiempo juntos, en los que mi atención estaba en otra parte, pero aun así ustedes nunca dejaron de apoyarme. Confiaron en mí, incluso cuando las asignaciones que Dios me encomendó no tenían mucho sentido, incluso cuando eso significaba sacrificios para todos. Nunca cuestionaron, nunca se quejaron; solo me amaron, me animaron y me cubrieron con sus oraciones.

Sus abrazos, sus palabras y su presencia constante han sido mi mayor fortaleza. Me recuerdan cada día por qué debo correr esta carrera con excelencia, porque sé que todo lo que hago, cada batalla que enfrento y cada lección que aprendo está abriendo camino para su propia historia de impacto y propósito.

Bentley y Carson, estoy tan orgullosa de ustedes, y le doy gracias a Dios por sus vidas cada día. Son mi mayor alegría, mi fuente más profunda de inspiración y la razón por la que terminaré esta carrera con la frente en alto, el corazón lleno y el propósito cumplido. Los amo con todo mi ser.

También quiero agradecer a la Sra. Bre. Dios te envió a mi vida justo en el momento indicado, sabiendo exactamente lo que necesitaba, incluso cuando yo no lo sabía. Te entregaste sin reservas, cubriéndome con tus oraciones, hablándome vida y poniéndote en la brecha por mí cuando me sentía demasiado cansada para seguir adelante. Sin que te lo pidiera, sin dudarlo, intercediste por mí, llenaste mi espíritu de ánimo y me recordaste el poder de las promesas de Dios sobre mi vida.

Tú eres la razón por la que empecé a escribir este libro. Cada vez que quise rendirme, cada vez que la duda se asomaba, pensaba en tus oraciones, tus palabras proféticas y tu fe inquebrantable. Creíste en mí cuando yo misma luchaba por hacerlo. Has sido un canal del amor, la sabiduría y la fortaleza de Dios, y gracias a tu obediencia, seguí adelante cuando bien podría haberme detenido.

Oro para que todo ese amor, fidelidad y gracia sobrenatural que derramaste sobre mí te sea devuelto multiplicado por mil en esta vida. Que coseches en abundancia todo lo que sembraste con tanto desprendimiento. Gracias por ser luz, guerrera y un reflejo fiel del corazón de Dios. Te estaré siempre agradecida.

ÍNDICE

INTRODUCCIÓN

¿Alguna vez has sentido que el éxito está justo fuera de tu alcance? Como si, por más que te esfuerces, siempre hubiera algo bloqueando tu avance. Tal vez has dudado incluso de si prosperar es realmente la voluntad de Dios para tu vida. Déjame aclararlo de una vez: sí lo es.

El deseo de Dios de que Su pueblo prospere está presente a lo largo de toda la Biblia. Pero hay una gran diferencia entre la prosperidad que ofrece el mundo y la que Dios diseñó. El mundo mide el éxito por el estatus, el dinero y los logros personales, muchas veces alcanzados a costa de la integridad, las relaciones y la paz interior. Promueve la idea de que hay que luchar sin descanso, sobresalir por encima de los demás y venderse a uno mismo para lograrlo. Sin embargo, la verdadera prosperidad, la que viene de Dios, tiene como base la fe, la buena administración, la sabiduría y el servicio. Nunca se trata solo de dinero; se trata de plenitud, de impacto y de dejar un legado.

La Biblia dice: *"Amado, yo deseo que tú seas prosperado en todas las cosas, y que tengas salud, así como prospera tu alma"* (3 Juan 1:2). Este versículo muestra claramente el corazón de Dios: la prosperidad no se limita a lo financiero, sino que abarca cada área de la vida. Significa crecer espiritualmente, emocionalmente, en nuestras relaciones y también en lo económico. Significa tomar decisiones basadas en la fe y no en el miedo, y usar los recursos como herramientas para cumplir los propósitos de Dios, no para beneficio egoísta.

Aun así, muchos creyentes se sienten atrapados, luchando entre la fe y las finanzas. Algunos han crecido pensando que la pobreza es más espiritual que la abundancia. Otros temen que la riqueza los corrompa, o creen que tener éxito en los negocios no encaja con una vida dedicada a Dios. Pero esas son mentiras que han limitado al pueblo de Dios por demasiado tiempo. Desde el principio, Dios estableció principios de multiplicación, administración y sabiduría financiera. Puso a Adán en el huerto y le dijo que lo cultivara, mostrando que el trabajo y el crecimiento siempre han formado parte de Su plan. Abraham fue bendecido más allá de lo imaginable gracias a su fe y obediencia. José pasó de la cárcel al palacio porque supo aplicar sabiduría divina para administrar los recursos. La mujer de Proverbios 31 hacía comercio, invertía con inteligencia y proveía para su casa, todo mientras honraba a Dios. Incluso Jesús habló más sobre el dinero, la administración y las inversiones sabias que sobre muchos otros temas.

El problema nunca ha sido la riqueza en sí, sino si dejas que te controle o si la usas para cumplir los propósitos de Dios. La prosperidad en el Reino se trata de alinearse con los principios de Dios para construir algo duradero, algo que no solo te bendiga a ti, sino que también impacte a los demás. Se trata de asumir plenamente lo que Él te ha llamado a hacer, con los recursos, la estrategia y la sabiduría que solo vienen de Él.

Los principios que vas a encontrar en este libro te desafiarán a cambiar tu forma de ver los negocios, el dinero y el éxito. Te darán una nueva mentalidad basada en la Biblia, junto con herramientas prácticas para crecer de forma sostenible sin poner en riesgo tu fe. Aprenderás a caminar con sabiduría divina, a tomar decisiones financieras acertadas, a liderar con integridad y a multiplicar tus recursos de una manera que honre a Dios.

Si alguna vez has sentido que estás llamado a algo más grande pero no sabes cómo avanzar, este libro es para ti. Si has estado atrapado en ciclos de escasez, dudas o confusión, aquí vas a encontrar claridad.

Y si alguna vez creíste que prosperar y vivir en rectitud no podían ir de la mano, es hora de renovar tu mente y abrazar la verdad de Dios.

Este no es solo otro libro sobre prosperidad. Es una invitación a construir una vida y un negocio que reflejen el corazón de Dios: una vida próspera, con propósito, con impacto y fundamentada en principios eternos. Tu camino hacia la prosperidad del Reino comienza ahora.

Parte 1

LA MENTALIDAD DE UN EMPRENDEDOR DEL REINO

El éxito en el Reino de Dios no comienza con el dinero, los contactos o el talento. Comienza en la mente. La forma en que una persona piensa moldea su realidad, influye en sus decisiones, en sus acciones y, al final, en sus resultados. La Biblia lo dice claramente: *"Porque cual es su pensamiento en su corazón, tal es él"* (Proverbios 23:7). Nadie puede avanzar más allá del nivel de su mentalidad de forma consistente.

El emprendimiento en el Reino requiere una mente renovada, una que no esté limitada por los sistemas económicos del mundo, ni por una mentalidad de escasez basada en el miedo, ni por la falsa idea de que el éxito es solo para unos pocos. El mundo enseña que la riqueza se consigue a través de la competencia agresiva, la ambición egoísta y "jugando sucio" para escalar. Pero el sistema de Dios es completamente distinto: se basa en la fe, la integridad y el favor sobrenatural que llega cuando alineamos nuestros negocios con Sus principios.

Muchas personas desean tener éxito, pero no logran avanzar porque están atrapadas por creencias limitantes. Tal vez sin darse cuenta, cargan con una mentalidad formada por fracasos del pasado, pobreza generacional o el miedo a lanzarse con fe. Estas fortalezas mentales los frenan, manteniéndolos en ciclos de frustración, escasez y estancamiento. La clave para romper con todo eso y entrar en la prosperidad que Dios diseñó es una mente transformada.

Los emprendedores del Reino piensan diferente. Ven oportunidades donde otros solo ven obstáculos. Se apoyan en la sabiduría de Dios, no en la lógica humana. Entienden que su negocio no es solo una fuente de ingresos, sino un canal de impacto, provisión y legado. Y este nivel de pensamiento no aparece por casualidad. Se forma con intención, alineando cada pensamiento con la Verdad de Dios.

El primer paso hacia el éxito en el Reino es cambiar una mentalidad de limitación por una de expectativa. Dios ya ha provisto todo lo que necesitamos, pero es necesario creerlo y actuar con base en esa fe. Su Palabra está llena de principios que conducen al crecimiento, pero muchos nunca los experimentan porque no han renovado su mente. La diferencia entre quienes prosperan y quienes se quedan estancados no siempre está en las circunstancias externas, sino en lo que hay dentro de su corazón y su mente.

En los próximos capítulos, exploraremos los fundamentos de la mentalidad de un emprendedor del Reino. Cada principio desafiará pensamientos viejos y abrirá paso a una nueva perspectiva basada en la Verdad bíblica. Quienes abracen esta transformación no solo verán avances personales, sino que caminarán en la plenitud del diseño de Dios para la prosperidad. ¡Una mente renovada no es solo una ventaja, es una necesidad!

1

EL PODER DE ADMINISTRAR POR ENCIMA DE POSEER

Un emprendedor del Reino debe entender, antes que nada, que todo le pertenece a Dios. La base del éxito bíblico no se construye sobre la idea de poseer, sino sobre una administración fiel. *"Del Señor es la tierra y su plenitud; el mundo y los que en él habitan"* (Salmo 24:1). Nada de lo que existe nos pertenece realmente. La riqueza, los recursos, la influencia e incluso la vida misma provienen de Dios. Él nos los confía, esperando que los manejemos con sabiduría y conforme a Su voluntad.

El mundo, en cambio, promueve una mentalidad de propiedad: cree que el éxito depende exclusivamente del esfuerzo propio, de la inteligencia o de los logros personales. Esta forma de pensar lleva al orgullo, al estrés y a una búsqueda interminable de "más". Cuando alguien se siente dueño absoluto de su negocio, también carga con todo el peso de sus logros y fracasos, lo que suele generar ansiedad, miedo y decisiones apresuradas. Pero cuando cambia esa mentalidad de control por una de administración bajo Dios, puede soltar el peso, confiar en Él y caminar en una paz que no depende de las circunstancias.

Administrar Finanzas, Recursos y Relaciones

La administración va mucho más allá del dinero. Dios nos confía tiempo, talentos, oportunidades y relaciones, y todo eso debe ser manejado con sabiduría. Cada decisión financiera es un acto de administración que puede posicionarnos para avanzar o, por el contrario, llevarnos a tropiezos innecesarios. Jesús ilustró esto claramente en la parábola de los talentos (Mateo 25:14-30). El siervo que usó sabiamente el dinero que se le confió fue recompensado con más, mientras que el que lo escondió por miedo lo perdió todo.

En los negocios del Reino, el dinero nunca es el fin; es simplemente un medio. Un emprendedor del Reino entiende que la riqueza sirve para avanzar en los propósitos de Dios, bendecir a otros y romper ciclos generacionales de escasez. Cuando se administran bien los recursos, estos se multiplican. En cambio, cuando se malgastan, se estancan. Esto también aplica a las relaciones. Los vínculos en los negocios deben construirse con integridad y respeto, reflejando a Cristo en cada interacción. Un negocio basado en la manipulación o en el egoísmo podrá tener éxito momentáneo, pero no dejará una huella duradera.

El tiempo es otro recurso que solemos descuidar. Muchos creen que el éxito se logra trabajando sin descanso, a costa de la salud y la paz mental. Pero una buena administración del tiempo implica actuar con sabiduría, buscar la dirección de Dios y permitir que Él abra las puertas correctas. Jesús nunca corrió, pero siempre estuvo en el tiempo perfecto del Padre. Cuando usamos bien nuestro tiempo, el trabajo da fruto sin agotarnos.

La Diferencia Entre una Mentalidad de Propiedad y una de Administración

Quien vive con mentalidad de dueño cree que todo depende de él. Esa presión lo lleva al agotamiento, al miedo y a aferrarse a lo material. Cuando las cosas salen mal, la frustración se apodera de él porque siente que todo recae sobre sus hombros. Pero Dios no nos diseñó para cargar con tanto.

La mentalidad del buen administrador reconoce que Dios es el verdadero dueño, y que nuestro rol es cuidar bien lo que Él ha puesto en nuestras manos. Esta forma de ver las cosas trae libertad. Un buen administrador entiende que, si Dios lo llamó a emprender, también se encargará de proveer. Si una puerta se cierra, no es el fin, es una nueva dirección. Si aparecen desafíos, no son amenazas, son oportunidades para crecer. El administrador no se aferra a la riqueza, sino que vive con generosidad, sabiendo que la provisión viene de Dios, no del negocio.

Este principio se ve claramente en la vida de Abraham. Dios lo bendijo abundantemente, pero él mantuvo su fe firme, dispuesto a soltarlo todo si Dios así lo pedía. Cuando le pidió a Isaac, Abraham obedeció sin dudar, confiando plenamente en el plan divino (Génesis 22:1-14). Su disposición a entregar lo que más amaba mostró su total confianza en el verdadero Dueño de todo. Ese es el corazón del verdadero administrador: confiar más en Dios que en el propio control.

Confiar en que Dios es el dueño trae paz y favor sobrenatural

Pasar de una mentalidad de propiedad a una de administración no significa eludir responsabilidades, sino colocarlas en el lugar correcto. Un emprendedor del Reino sigue trabajando, planificando y tomando decisiones, pero lo hace con la certeza de que Dios es quien da el crecimiento. Esa certeza trae paz. En lugar de preocuparse sin descanso, el administrador camina confiado, sabiendo que Dios le dará la sabiduría, las conexiones y las oportunidades en el momento justo.

El favor sobrenatural acompaña a quienes reconocen a Dios como el verdadero dueño de sus negocios. José vivió esto mientras administraba la casa de Potifar. Todo lo que tocaba prosperaba porque era un administrador fiel. Incluso en la cárcel, injustamente preso, el favor de Dios no lo abandonó y lo posicionó para gobernar (Génesis 39:2-4, 21-23). Su éxito no dependía de las circunstancias, sino de su compromiso con administrar bien lo que se le había confiado.

Un negocio fundamentado en los principios de administración del Reino se mantiene firme ante las crisis económicas, los cambios del mercado y los retos inesperados. Los sistemas del mundo son inestables, guiados muchas veces por la codicia. Pero un emprendedor que reconoce a Dios como su proveedor no se tambalea, sin importar lo que pase a su alrededor. El mismo Dios que alimentó a Elías con cuervos, que multiplicó el aceite de una viuda y que sostuvo a todo un pueblo en el desierto, sigue siendo el mismo Dios que hoy cuida y provee para Sus hijos.

El Salmo 24:1 no es solo un versículo, es un principio fundamental. Todo le pertenece al Señor, y quienes caminan en esta verdad experimentan un nivel de paz, provisión y éxito que el mundo jamás podrá ofrecer. Un emprendedor del Reino no persigue la riqueza; la atrae a través de una administración fiel. No teme perder; confía en que Dios siempre suplirá. Ese es el poder de vivir como administrador, y no como dueño.

El primer paso hacia el verdadero éxito en el Reino comienza con la rendición: soltar esa falsa sensación de control y abrazar el llamado a ser un administrador fiel. Cuando se produce ese cambio, el peso del estrés se disipa, el miedo pierde fuerza y se abren puertas que van mucho más allá de lo que la habilidad humana podría lograr. Así es como se hacen los negocios en el Reino de Dios.

Una Historia de Propiedad vs. Administración

Sophia Reynolds era, para muchos, la definición de éxito. Había levantado su firma de marketing desde cero, transformando un emprendimiento de una sola mujer en una empresa sólida, con un equipo de empleados, clientes prestigiosos y una reputación impecable. La gente admiraba su empuje, su disciplina y su capacidad de lograr lo que se proponía. Cada premio, cada meta alcanzada, cada contrato firmado reforzaba la imagen que tanto se había esforzado por construir: una mujer que había vencido las adversidades. Pero nadie conocía el peso que cargaba por dentro.

El hambre de éxito de Sophia venía de muy atrás. Había crecido en un hogar donde el amor era condicional y la seguridad nunca estaba garantizada. Su padre era ausente, y su madre, atrapada en sus propias luchas, descargaba su dolor en forma de ira. Desde niña, Sophia aprendió que, si quería algo, debía pelear por ello. Nadie vendría a rescatarla. Pasó años demostrándose a sí misma —y al mundo— que era valiosa. Su negocio se convirtió en su identidad. Era su manera de probar que tenía el control, que había superado todo, que nunca más estaría a merced de nadie. Todo lo que construyó, lo consideraba suyo.

No solo dirigía su empresa, la controlaba al detalle. Tomaba cada decisión, resolvía cada crisis y no confiaba plenamente en nadie. Aunque tenía un equipo, micromanejaba cada tarea, convencida de que, si no lo supervisaba todo, las cosas se derrumbarían. Le costaba delegar, con miedo de que alguien arruinara lo que tanto le había costado levantar.

En lo financiero, jamás se sentía segura, sin importar cuánto ganara. Ahorraba compulsivamente, evitaba cualquier riesgo y nunca donaba a causas benéficas ni a la iglesia. Desde pequeña había aprendido que guardar recursos era sinónimo de supervivencia. Soltar, incluso un poco, le parecía una locura. Un día, tras cerrar un contrato importante, se sentó en su oficina a revisar los números. Había sido su mejor trimestre, y sin embargo, la ansiedad en su pecho no se iba. Cuanto más lograba, más pesado se volvía el camino. El miedo a perder lo que había construido la consumía.

Un mentor le había dicho una vez:

"Sophia, si crees que lo posees, tendrás que sostenerlo tú. Pero si es de Dios, Él lo sostiene."

En su momento, ella se rió de esas palabras. Pero ahora la perseguían.

Esa noche, despierta a las dos de la madrugada, navegaba sin rumbo entre artículos de negocios, buscando calmar esa inquietud que no lograba entender. Se topó con una prédica sobre la administración y, por primera vez, escuchó el Salmo 24:1 con el corazón abierto:

"Del Señor es la tierra y todo cuanto hay en ella, el mundo y los que en él habitan.".

Se le llenaron los ojos de lágrimas. *Todo cuanto hay en ella.* Eso incluía su empresa, sus finanzas e incluso su aliento. Nada era realmente suyo. Había vivido creyendo que el éxito dependía solo de su fuerza, su habilidad y su control absoluto. Había vivido con una mentalidad de dueña, aferrándose a algo que nunca fue suyo para aferrarse así.

Por primera vez en años, oró. No una oración apurada o por compromiso, sino una oración honesta, sin adornos:

"Dios... no sé cómo soltar. No sé cómo confiarte esto. Enséñame"

En las semanas siguientes, empezó a hacer pequeños —pero radicales— cambios. Comenzó a delegar, confiando más en su equipo y dándoles espacio para liderar. Diezmó por primera vez, con miedo y libertad mezclados, soltando el control de sus finanzas. Empezó a orar por su negocio, no para pedir más dinero, sino para pedir sabiduría y dirección según el propósito de Dios.

Y algo cambió.

La ansiedad, que había sido su compañera constante, comenzó a desaparecer. Tomar decisiones se volvió más claro. Oportunidades inesperadas empezaron a llegar. Clientes que llevaba meses persiguiendo la contactaron, surgieron nuevas fuentes de ingresos, y por primera vez, experimentó una paz que no venía de tener más dinero, sino de ya no cargar con todo sola.

Una tarde, recibió una llamada de una organización benéfica a la que había donado. Le contaron que su aporte había servido para alimentar a varias familias en necesidad. La mujer al teléfono, sin conocer la historia de Sophia, simplemente le dijo: "Gracias por confiarle a Dios lo que Él te ha dado." Sophia se quedó en silencio después de colgar. Algo dentro de ella se había transformado. Ya no era solo una emprendedora exitosa. Ahora era una administradora.

Su empresa seguía creciendo, pero ella ya no la veía como suya. Era de Dios, y ella solo la gestionaba con sabiduría y obediencia. Esa diferencia lo cambió todo. Al fin entendía: cuando es Dios quien lo posee, es Él quien lo sostiene.

Principios Bíblicos sobre la Administración Frente a la Propiedad

Los siguientes principios bíblicos refuerzan las verdades presentadas en este capítulo. Tómate el tiempo para meditar en estas Escrituras y aplicarlas tanto a tu vida como a tu negocio mientras caminas en fidelidad como administrador del Reino.

1. **Dios es el dueño de todo** – *"Del Señor es la tierra y todo cuanto hay en ella, el mundo y los que en él habitan"* (Salmo 24:1, NKJV)

   o Reconocer que todo le pertenece a Dios aligera la carga de sentirse dueño y te permite administrar con sabiduría y paz.

2. **Una buena administración lleva al aumento** – *"Su señor le dijo: 'Bien, buen siervo y fiel; sobre poco has sido fiel, sobre mucho te pondré; entra en el gozo de tu señor.'"* (Mateo 25:23, NKJV)

   o Dios promueve a quienes administran bien. El crecimiento llega cuando eres fiel con lo que tienes hoy.

3. **Dios provee a quienes confían en él** – *"Y mi Dios suplirá todo lo que os falta conforme a sus riquezas en gloria en Cristo Jesús."* (Filipenses 4:19, NKJV)

   o Un emprendedor del Reino no se angustia por la escasez, porque sabe que Dios es su fuente constante de provisión.

4. **La administración requiere sabiduría y planificación –** *"Sé diligente en conocer el estado de tus ovejas, y cuida tus rebaños; porque las riquezas no duran para siempre, ni una corona por todas las generaciones."* (Proverbios 27:23-24, NKJV)

   o Administrar bien significa estar consciente de tus recursos, evaluar constantemente tu negocio y tomar decisiones con intención.

5. **Dios bendice a quienes lo honran con sus recursos –** *"Honra al SEÑOR con tus bienes, y con las primicias de todos tus frutos; entonces tus graneros se llenarán de abundancia, y tus lagares rebosarán de vino nuevo."* (Proverbios 3:9-10, NKJV)

   o Cuando pones a Dios primero en tus finanzas, Él responde con provisión sobrenatural y abundante.

6. **Confiar en dios elimina la ansiedad por el éxito –** *"No os afanéis, pues, diciendo: '¿Qué comeremos?' o '¿Qué beberemos?' o '¿Con qué nos vestiremos?' Porque los gentiles buscan todas estas cosas. Pero vuestro Padre celestial sabe que tenéis necesidad de todas ellas. Mas buscad primeramente el Reino de Dios y su justicia, y todas estas cosas os serán añadidas."* (Mateo 6:31-33, NKJV)

   o Cuando tu enfoque está en el Reino, Dios se encarga de proveer todo lo demás.

7. **La generosidad marca a un verdadero administrador –** *"Dad, y se os dará: medida buena, apretada, remecida y rebosando darán en vuestro regazo. Porque con la misma medida con que medís, os volverán a medir."* (Lucas 6:38, NKJV)

   o El administrador del Reino usa la riqueza como herramienta para bendecir. La generosidad prepara el camino para una cosecha mayor.

8. **El favor de Dios está sobre los administradores fieles** – *"El SEÑOR estaba con José, y era un hombre próspero; y estaba en la casa de su amo el egipcio."* (Génesis 39:2, NKJV)

   o La fidelidad en la administración atrae el favor de Dios, que hace prosperar lo que toques, incluso en los momentos difíciles.

Cómo aplicar estos principios

- • Cambia tu mentalidad de propiedad a administración declarando cada día que Dios es el verdadero dueño de tu negocio y de todos tus recursos.

- Administra tus finanzas, tu tiempo y tus relaciones con sabiduría, sabiendo que todo lo que tienes te ha sido confiado por Dios.

- Suelta el peso de las cargas financieras confiando en la provisión de Dios y buscando primero Su voluntad.

- Practica la generosidad, sabiendo que dar es un principio clave en la prosperidad del Reino.

- Alinea cada decisión de negocio con la integridad bíblica, confiando en que Dios bendecirá y multiplicará lo que se maneja con rectitud.

Medita en estas Escrituras, ora sobre ellas y comienza a aplicarlas en tu vida y en tu negocio. La administración es la base del éxito en el Reino, y quienes la abrazan experimentarán la plenitud de la provisión y el favor de Dios. Muchos emprendedores, como Sophia Reynolds, caen en la trampa de perseguir las recompensas del mundo en lugar de las del Cielo. Entregan todo para construir algo que nunca debió depender solo de su fuerza. Se esfuerzan, se estresan y se obsesionan con los números, el éxito y la seguridad, solo para terminar corriendo en círculos, agotados, ansiosos y sin sentir verdadera satisfacción.

El mundo enseña que el éxito se basa en el control, la propiedad y la acumulación, pero quienes siguen ese camino muchas veces terminan viviendo exactamente lo que más temían: el vacío. Creen que si logran una meta más, ganan un dólar más o cierran un contrato más, por fin sentirán paz. Pero en realidad se convierten en esclavos de su propio éxito, cargando un peso que nunca les correspondió. Lo que muchos no entienden es que nunca fue suyo. Siempre fue de Dios.

El momento en que pasas de una mentalidad de dueño a una de administrador, todo cambia. El peso se aligera. El miedo se disuelve. Comienzas a caminar en una paz divina, sabiendo que Dios sostiene aquello que le pertenece. Cuando lo reconoces como la verdadera fuente, ya no tienes que vivir en modo de supervivencia ni aferrarte con miedo a lo que nunca fue tuyo para retener. En cambio, puedes construir con confianza, sabiendo que cada recurso, oportunidad y aumento proviene de Su mano.

Suelta la ilusión del control. Entra en la libertad de la administración. Confía en que, si manejas bien lo que Dios te ha confiado, Él no solo lo va a sostener, sino que lo multiplicará más allá de lo que podrías lograr por tu cuenta.

2

LA LEY DE LA SIEMBRA Y LA COSECHA EN LOS NEGOCIOS

Cada acción, cada decisión y cada inversión que se hace en un negocio opera bajo una ley espiritual inquebrantable: la ley de la siembra y la cosecha. Este principio no solo rige la agricultura, también se aplica a las finanzas, las relaciones, el liderazgo y el crecimiento empresarial. Es un sistema divino establecido por Dios mismo, que garantiza que todo lo que una persona siembra, inevitablemente lo cosechará.

El mundo vive bajo la ilusión de que el éxito es algo aleatorio, que depende de la suerte o de las circunstancias externas. Pero la Palabra de Dios es clara: los resultados en la vida y en los negocios están directamente relacionados con lo que se siembra. *"No os engañéis; Dios no puede ser burlado, pues todo lo que el hombre siembre, eso también cosechará. Porque el que siembra para su carne, de la carne segará corrupción; pero el que siembra para el Espíritu, del Espíritu segará vida eterna. No nos cansemos, pues, de hacer el bien, porque a su tiempo segaremos, si no desmayamos."* (Gálatas 6:7–9, NKJV).

Sembrar Con Generosidad Produce Abundancia

Muchos desean cosechar sin haber sembrado. Quieren un avance financiero sin haber dado fielmente, éxito en los negocios sin esfuerzo constante y ascensos sin haber demostrado ser dignos de confianza. Pero esta mentalidad va en contra del diseño de Dios. Ningún agricultor se para en un campo vacío a orar por una cosecha si primero no ha sembrado las semillas. En los negocios, ocurre lo mismo: lo que siembras determina lo que cosechas.

Cuando se siembra con fe, la recompensa se multiplica. Jesús lo enfatizó en Lucas 6:38: *"Dad, y se os dará: medida buena, apretada, remecida y rebosando darán en vuestro regazo. Porque con la misma medida con que medís, os volverán a medir."* El nivel de generosidad con el que se actúa marca el nivel de abundancia que se recibe. Quien da con medida limitada, cosechará poco. Pero quien da en abundancia, también recibirá en abundancia.

Este principio no se aplica solo al dinero, sino también al tiempo, al esfuerzo y al valor que se brinda a otros. Un negocio que sirve con generosidad, que ofrece calidad excepcional y que actúa con excelencia, verá una mayor recompensa. En cambio, quienes hacen lo mínimo, recortan esquinas o actúan con codicia, terminan luchando por mantener el crecimiento.

El Principio de la Constancia en la Siembra

El proceso de sembrar y cosechar no da resultados inmediatos. Una semilla necesita pasar por una etapa de crecimiento antes de dar fruto. Muchos se rinden demasiado pronto, esperando resultados instantáneos sin darle tiempo a los frutos de su esfuerzo. Por eso Gálatas 6:9 anima a no cansarse de hacer el bien, porque a su tiempo, la cosecha llegará.

La fidelidad en las pequeñas acciones produce gran impacto con el tiempo. Un negocio no se vuelve exitoso de la noche a la mañana, y un avance financiero rara vez es instantáneo. Son las decisiones diarias, los actos constantes de obediencia y la disciplina de seguir sembrando lo que produce una prosperidad duradera.

El mundo valora el éxito exprés, pero el Reino de Dios valora el crecimiento firme y fiel. La semilla de mostaza, aunque es la más pequeña, crece hasta convertirse en uno de los árboles más grandes, porque sigue el proceso de desarrollo que Dios estableció. De la misma manera, el esfuerzo constante de un emprendedor que da prioridad a la integridad, al servicio y a la diligencia dará como resultado un crecimiento exponencial con el tiempo.

Sembrar con Fe, No con Miedo

El miedo impide que muchos siembren. Se aferran con fuerza a sus recursos, creyendo que si dan, se quedarán con menos. Pero esta mentalidad de escasez va en contra de los principios del Reino. En 2 Corintios 9:6–8, la Biblia dice: *"Pero esto digo: El que siembra escasamente, también segará escasamente; y el que siembra generosamente, generosamente también segará. Cada uno dé como propuso en su corazón: no con tristeza ni por obligación, porque Dios ama al dador alegre. Y poderoso es Dios para hacer que abunde toda gracia en vosotros, a fin de que, teniendo siempre en todas las cosas todo lo necesario, abundéis para toda buena obra."*

Un emprendedor del Reino no actúa movido por el miedo, sino por la fe, confiando en que todo lo que se entrega en las manos de Dios será multiplicado. Quienes siembran en su negocio, en sus empleados y en sus clientes con generosidad, excelencia e integridad, verán un crecimiento sobrenatural. En cambio, quienes actúan desde el temor, reteniendo la generosidad y evitando tomar riesgos, muchas veces terminan estancados financieramente.

Entender las Estaciones en los Negocios

Todo agricultor sabe que hay un tiempo para sembrar, un tiempo para esperar y un tiempo para cosechar. En los negocios ocurre igual. Habrá temporadas de inversión donde el esfuerzo parecerá mayor que la recompensa. También habrá momentos de espera en los que el crecimiento no se verá de inmediato. Pero así como un árbol no da fruto el mismo día en que se planta, el aumento financiero sigue un ritmo divino.

Eclesiastés 3:1 declara: "Todo tiene su tiempo, y todo lo que se quiere debajo del cielo tiene su hora." La clave para prosperar en los negocios es reconocer en qué estación te encuentras. Si es tiempo de sembrar, hazlo con diligencia. Si es tiempo de esperar, no te desanimes. Y cuando llegue la cosecha, adminístrala bien, sabiendo que pronto vendrán nuevas oportunidades para volver a sembrar.

Quien entiende este principio no se frustra cuando los resultados no llegan al instante. En lugar de eso, confía en que las promesas de Dios son reales y que toda semilla sembrada con fe dará fruto en su debido tiempo.

El Costo de Retener

Jason Carter estaba sentado en su escritorio, mirando fijamente el balance de su cuenta empresarial. Los números brillaban en la pantalla: apenas lo justo para cubrir dos meses de gastos. No era mucho, pero al menos no estaba endeudado.

Se recostó en su silla y se frotó las sienes. Acababa de recibir una nueva oportunidad: invertir en una campaña de marketing que podía ampliar su base de clientes. No era una apuesta, era una estrategia comprobada que ya había ayudado a otros en su sector. El problema era que esa inversión implicaba usar sus ahorros, ese pequeño colchón que lo hacía sentir seguro.

Cerró la laptop y suspiró: "No puedo arriesgarme", murmuró. "¿Y si no funciona? ¿Y si lo pierdo todo?."

Jason siempre había sido cauteloso con el dinero. Creció en un hogar donde los problemas financieros eran constantes. Sus padres trabajaban duro, pero apenas lograban cubrir lo básico. Nunca daban a obras benéficas, casi no diezmaban y siempre le repetían que debía tener cuidado con el dinero. Su filosofía era simple: *Nunca sabes cuándo lo vas a necesitar, así que no sueltes lo que tienes.*

Ahora, como empresario, Jason seguía atado a esa misma mentalidad. Evitaba cualquier inversión que implicara un desembolso inicial. Dudaba en contratar empleados por miedo a no poder pagarles.

Rara vez daba, incluso cuando veía una necesidad. Una vez, una madre soltera de su iglesia le pidió ayuda con los víveres. Sintió un impulso en el corazón… pero el miedo habló más fuerte: *Si das ahora, ¿y si mañana no tienes para ti?* Y se fue, convenciéndose de que alguien más ayudaría.

Pasaron los meses y su negocio seguía estancado. Por más que trabajaba, el crecimiento no llegaba. Veía cómo competidores, incluso algunos que habían empezado después que él, prosperaban mientras él apenas mantenía a sus pocos clientes. Cada vez que pensaba en las oportunidades que había dejado pasar, el arrepentimiento lo carcomía. Había jugado a lo seguro… y aun así no avanzaba.

Una noche, asistió a una conferencia para empresarios cristianos. Un empresario muy reconocido compartió su testimonio. Contó cómo, años atrás, había estado en la misma situación que Jason: aferrándose a todo por miedo a no tener suficiente. Hasta que un día leyó Gálatas 6:7–9, y su perspectiva cambió por completo:

"No os engañéis; Dios no puede ser burlado: pues todo lo que el hombre siembre, eso también cosechará. Porque el que siembra para su carne, de la carne segará corrupción; pero el que siembra para el Espíritu, del Espíritu segará vida eterna. No nos cansemos, pues, de hacer el bien, porque a su tiempo segaremos, si no desmayamos."

El empresario explicó cómo empezó a dar generosamente, a invertir en personas y a sembrar en su negocio incluso cuando no parecía lógico. Con el tiempo, vio una respuesta sobrenatural. Llegaron clientes inesperados, se abrieron puertas imposibles y sus finanzas se multiplicaron.

Jason se sintió confrontado. Había estado esperando una cosecha… sin haber sembrado. Había orado por aumento, pero nunca actuó en fe. Todas sus decisiones nacían del miedo, no de la confianza en Dios.

Esa noche, tomó una decisión. A la mañana siguiente, llamó a la firma de marketing y firmó el contrato. Invirtió. Contrató a su primer empleado. Y por primera vez, diezmó no solo de sus ingresos personales, sino también de las ganancias del negocio.

Al principio, nada cambió. Los números seguían dándole nervios. El miedo seguía susurrando que quizás se había equivocado. Pero Jason eligió confiar en el principio de siembra y cosecha de Dios.

Tres meses después, todo empezó a cambiar.

La campaña de marketing dio resultados, y nuevos clientes comenzaron a llegar. Su empleado aportó ideas que llevaron el negocio a otro nivel. Se formaron alianzas inesperadas. Jason comprobó por sí mismo que Dios honra la siembra hecha con fe. Aquello que tanto temía perder, Dios lo multiplicó.

Un día, en el supermercado, vio a una mujer luchando por pagar su compra. Se notaba cansada y avergonzada. Sin dudarlo, Jason se acercó y pagó su cuenta. La mujer rompió en llanto, agradeciéndole una y otra vez. Al salir, él sonrió. Esta vez no hubo miedo. Por fin entendía la verdad: *cuando siembras con fe, siempre cosechas en abundancia.*

Principios Bíblicos sobre la Siembra y la Cosecha en los Negocios

A continuación, encontrarás los principios clave de este capítulo. Medita en estos versículos y aplícalos a tu negocio para caminar en una abundancia que viene de lo alto.

1. **Lo que siembras, eso cosecharás** – *"No os engañéis; Dios no puede ser burlado: pues todo lo que el hombre siembre, eso también cosechará."* (Gálatas 6:7, NKJV)

   o Tus resultados en los negocios están directamente ligados a las semillas que siembras, ya sea a través de inversiones, actos de servicio o decisiones de liderazgo.

2. **Sembrar con fe lleva al aumento** – *"Dad, y se os dará: medida buena, apretada, remecida y rebosando darán en vuestro regazo. Porque con la misma medida con que medís, os volverán a medir."* (Lucas 6:38, NKJV)

   o La generosidad es clave para la abundancia. Un emprendedor del Reino da con libertad, sabiendo que Dios siempre provee.

3. **Do Not Grow Weary in Doing Good** – *"And let us not grow weary while doing good, for in due season we shall reap if we do not lose heart."* (Galatians 6:9, NKJV)

   o La fidelidad en las acciones pequeñas y constantes abre camino a grandes avances. No te rindas antes de que llegue tu cosecha.

4. **Dios ama al dador alegre** – *"Pero esto digo: El que siembra escasamente, también segará escasamente; y el que siembra generosamente, generosamente también segará. Cada uno dé como propuso en su corazón: no con tristeza ni por obligación, porque Dios ama al dador alegre."* (2 Corintios 9:6-7, NKJV)

   o Dar no debe hacerse por compromiso, sino con gozo, confiando en la abundancia de Dios.

5. **Todo tiene su tiempo** – *"Todo tiene su tiempo, y todo lo que se quiere debajo del cielo tiene su hora."* (Eclesiastés 3:1, NKJV)

   o Los negocios se mueven por estaciones. Reconoce cuándo es tiempo de sembrar, de esperar y de cosechar.

6. **El miedo bloquea el aumento, la fe lo multiplica** – *"Porque no nos ha dado Dios espíritu de cobardía, sino de poder, de amor y de dominio propio"* (2 Timoteo 1:7, NKJV)

   o Un negocio fundamentado en la fe y no en el miedo experimenta favor sobrenatural y multiplicación.

Cómo aplicar estos principios

- Evalúa cada día qué estás sembrando en tu negocio: a través de tus finanzas, tu servicio o tu liderazgo.

- Permanece fiel en tu esfuerzo, incluso cuando los resultados no sean inmediatos. La cosecha llegará a su debido tiempo.

- Da con generosidad, sabiendo que tu provisión no depende solo de tu negocio, sino de Dios.

- Opera en fe, confiando en que el tiempo de Dios es perfecto y que toda semilla sembrada con propósito producirá una cosecha abundante.

Al caminar bajo la ley de la siembra y la cosecha, alineas tu negocio con los principios del Reino, lo que garantiza una prosperidad duradera y un éxito respaldado por Dios. Las semillas que plantes hoy determinarán la cosecha que experimentarás mañana.

La historia de Jason es un ejemplo claro de cuán rápido puede manifestarse este principio en lo natural. En solo tres meses, su decisión de actuar con fe produjo resultados que jamás habría logrado por su cuenta. Su negocio creció, se abrieron nuevas oportunidades y experimentó un nivel de incremento financiero totalmente nuevo. Sin embargo, no todos ven su cosecha con la misma rapidez. Algunas semillas tardan más en dar fruto y requieren paciencia y perseverancia.

Un agricultor no planta esperando una cosecha completa de la noche a la mañana. Toda semilla pasa por un proceso oculto bajo tierra antes de asomar a la superficie. De la misma manera, desde el momento en que siembras —ya sea en tu negocio, tus finanzas, tus relaciones o a través de actos de generosidad— el crecimiento comienza, aunque no lo veas de inmediato. Las temporadas de espera no son temporadas de escasez, sino de preparación. El suelo debe prepararse, las raíces deben fortalecerse y las condiciones deben alinearse para que la cosecha pueda desarrollarse por completo.

Puedes estar seguro: la ley de la siembra y la cosecha es tan cierta como la salida del sol. Si has sembrado, hay fruto en proceso. Ya sea que lo veas en tres meses, tres años o más adelante, la Palabra de Dios promete que, a su debido tiempo, cosecharás si no te rindes. Confía en el proceso, sigue sembrando con fe y espera una cosecha que supere por mucho lo que sembraste. El Reino opera según el tiempo perfecto de Dios, y quienes perseveran experimentarán un aumento sobrenatural.

3

RENOVANDO TU MENTE PARA LA PROSPERIDAD

El éxito en los negocios, en las finanzas y en la vida se gana o se pierde primero en la mente. Los pensamientos de una persona moldean sus creencias, y esas creencias determinan sus acciones. Muchos anhelan prosperar, pero siguen atrapados en ciclos de escasez, miedo y lucha constante. No es por falta de oportunidades, sino porque su mentalidad nunca ha sido renovada. La Biblia lo deja muy claro: la transformación comienza en la mente:

"No os conforméis a este siglo, sino transformaos por medio de la renovación de vuestro entendimiento, para que comprobéis cuál sea la buena voluntad de Dios, agradable y perfecta." (Romanos 12:2, NKJV)

El mundo ha condicionado a las personas a pensar de formas que van directamente en contra de los principios de Dios. Desde pequeños, muchos aprenden a temer a la inestabilidad económica, a ver la riqueza como algo reservado para unos pocos, o a creer que el éxito solo se alcanza a través de sacrificios extremos. Algunos crecieron en pobreza, adoptando la mentalidad de *"Así es la Vida"*. Otros estuvieron rodeados de dudas y desaliento, lo que los llevó a conformarse con menos de lo que Dios realmente quiere para ellos. Pero la Palabra nos llama a una transformación radical: una renovación completa de la mente.

Romper con las Creencias Limitantes

Muchas personas, sin saberlo, cargan con creencias limitantes que sabotean su capacidad de prosperar. Estas creencias nacen de experiencias pasadas, patrones culturales y hasta consejos de familiares bien intencionados. Alguien que creció escuchando *"el dinero es la raíz de todos los males"* (una mala interpretación de 1 Timoteo 6:10) puede rechazar inconscientemente la prosperidad, por miedo a que la riqueza lo corrompa. O quien ha fallado repetidamente, puede convencerse de que simplemente *"no nació para tener éxito"*, sin entender que los fracasos a menudo son escalones hacia oportunidades mayores.

Las creencias limitantes funcionan como fortalezas: barreras mentales que mantienen a las personas atrapadas en ciclos de escasez, temor y estancamiento. Pero la Escritura nos instruye a derribar esas fortalezas:

"Porque las armas de nuestra milicia no son carnales, sino poderosas en Dios para la destrucción de fortalezas, derribando argumentos y toda altivez que se levanta contra el conocimiento de Dios, y llevando cautivo todo pensamiento a la obediencia a Cristo." (2 Corintios 10:4-5, NKJV)

Todo pensamiento que contradiga la verdad de Dios debe ser confrontado y reemplazado por lo que Él dice. Renovar la mente es una decisión intencional de rechazar el temor, la duda y la mentalidad de escasez, y abrazar la fe, la abundancia y la expectativa.

Desarrollar una mentalidad de prosperidad en el Reino

El mundo se mueve con una mentalidad de escasez, convenciendo a la gente de que los recursos son limitados, que hay que competir por todo y que el éxito solo llega si otros pierden. Pero el Reino de Dios funciona con principios de abundancia. Dios no está limitado por la economía, las tendencias del mercado ni las limitaciones humanas.

Su provisión es infinita, y Su deseo es bendecir a Su pueblo para que ellos también bendigan a otros.

Una mente renovada abraza la verdad de que:

- **Dios es la fuente de toda provisión** – *"Mi Dios, pues, suplirá todo lo que os falta conforme a sus riquezas en gloria en Cristo Jesús."* (Filipenses 4:19, NKJV)

- **Somos herederos de la abundancia de Dios** – *"La bendición del Señor es la que enriquece, y Él no añade tristeza con ella."* (Proverbios 10:22, NKJV)

- **La prosperidad no es ara beneficio egoísta, sino para cumplir los propósitos de Dios** – *"Acuérdate del SEÑOR tu Dios, porque Él te da el poder para hacer las riquezas, a fin de confirmar Su pacto que juró a tus padres, como en este día."* (Deuteronomio 8:18, NKJV)

Cuando una persona cambia su mentalidad de escasez por una mentalidad de abundancia, deja de ver el éxito como algo lejano. Entiende que prosperar no es cuestión de suerte ni de privilegios, sino de alinearse con principios bíblicos, tomar decisiones sabias y confiar en el plan de Dios.

Alineando tus Pensamientos con tus Acciones

Muchas personas sueñan con libertad financiera, éxito en los negocios y dejar un impacto, pero sus acciones diarias no reflejan ese deseo. Pueden querer construir una empresa exitosa, pero procrastinan, evitan invertir en su formación o permiten que el miedo los detenga. Pueden desear un aumento financiero, pero no se atreven a tomar decisiones arriesgadas, se aferran a una mentalidad de pobreza o no practican la generosidad.

Renovar la mente no es solo pensar diferente; implica actuar conforme a esos nuevos pensamientos.

- Una persona que cree en la prosperidad pero no se atreve a dar pasos de fe, se queda estancada.

- Un emprendedor que quiere crecer pero no desarrolla habilidades, ni busca mentoría, ni toma decisiones valientes, no verá crecimiento.

- Alguien que sueña con libertad financiera pero no administra bien su dinero, seguirá atrapado en dificultades económicas.

La fe sin obras está muerta (Santiago 2:26). Una mente renovada da paso a hábitos nuevos, decisiones firmes y disciplina constante. Renovar tu mente es el primer paso. Actuar con esa nueva mentalidad es lo que te lleva a la verdadera transformación.

La Batalla en la Mente

Madison estaba sentada en su carro, mirando la entrada del edificio donde trabajaba, paralizada por el peso de sus pensamientos. Llevaba años luchando con el mismo ciclo: duda, miedo y esa sensación constante de no ser suficiente. No importaba cuánto éxito alcanzara, siempre había una voz en su cabeza que le susurraba: *"No perteneces aquí. No eres capaz. Vas a fracasar, como antes."*

Había crecido creyendo que no era lo bastante inteligente, ni fuerte, ni valiosa como para lograr algo grande. Esas palabras se las habían dicho desde pequeña, y terminaron moldeando la forma en que se veía a sí misma. Cada rechazo, cada fracaso y cada momento difícil no hacían más que confirmar lo que ya creía: *no soy suficiente.*

Con los años, logró avanzar en su carrera, pero esas mentiras seguían ahí. Había intentado ignorarlas, sobrepasarlas, incluso demostrar que estaban equivocadas, pero por más logros que alcanzara, la inseguridad no desaparecía. Hasta que un domingo, mientras hacía scroll en redes sociales, se topó con una frase de una predicación: *"Si no tomas control de tus pensamientos, ellos tomarán control de ti."* Esa frase la sacudió por dentro. Se dio cuenta de que la verdadera batalla no era externa. Estaba en su mente. Esa noche, abrió su Biblia con desesperación, buscando algo, lo que fuera, que pudiera romper el ciclo. Se encontró con Romanos 12:2:

"No os conforméis a este siglo, sino transformaos por medio de la renovación de vuestro entendimiento, para que comprobéis cuál sea la buena voluntad de Dios, agradable y perfecta." (Romanos 12:2, NKJV)

Lo leyó una vez. Y otra. ¿Y si la vida que estaba viviendo—el miedo, la inseguridad, la ansiedad, era simplemente el resultado de los pensamientos que había alimentado durante años? ¿Y si había aceptado como verdad esas mentiras por tanto tiempo que ya no podía distinguirlas de su identidad?

Esa noche, tomó una decisión: no iba a pasar un día más creyendo las mentiras del enemigo. Iba a renovar su mente.

Al principio, parecía imposible. Apenas despertaba, los pensamientos negativos ya estaban ahí, igual de fuertes que siempre. *"No eres suficiente. Vas a fracasar. Nadie cree en ti."* Pero esta vez, hizo algo diferente. En lugar de aceptar esas ideas, las enfrentó.

Cuando llegaba el pensamiento *"No eres suficiente"*, respondía en voz alta:
"Todo lo puedo en Cristo que me fortalece." (Filipenses 4:13, NKJV)

Cuando el pensamiento de *"Vas a fracasar"* se volvía recurrente, declaraba:
"Porque no nos ha dado Dios espíritu de cobardía, sino de poder, de amor y de dominio propio." (2 Timoteo 1:7, NKJV)

Cuando pensaba *"Nadie cree en ti"*, se recordaba:
"Si Dios es por nosotros, ¿quién contra nosotros?" (Romanos 8:31, NKJV)

Al principio, se sentía raro, hasta forzado. No estaba acostumbrada a declarar en voz alta la Palabra. Las mentiras estaban tan arraigadas que la verdad le sonaba ajena. Pero ella había tomado una decisión: no iba a entregarle su mente al enemigo. Los días se convirtieron en semanas, y Madison siguió en la lucha. Algunos días eran más fáciles que otros. Algunas mañanas despertaba en paz, y otras veces sentía que la batalla mental era agotadora.

Hubo momentos en los que se preguntó si alguna vez lograría creer, de verdad, en las verdades que hablaba sobre sí misma. Sin embargo, cada vez que declaraba la Palabra de Dios, era como sembrar una semilla. Al principio no parecía cambiar nada, pero algo, dentro de ella, estaba tomando raíz. Hasta que un día, lo notó. Entró a una reunión con seguridad, sin dudar de sí misma. Tomó una decisión importante en su negocio, sin miedo. Rechazó una oportunidad que no estaba alineada con la voluntad de Dios, confiando en que Él tenía algo mejor.

No fue una transformación de la noche a la mañana, pero estaba ocurriendo. Estaba viviendo lo que dice Romanos 12:2: *"transformada por la renovación de su mente."*

Madison descubrió una verdad poderosa: la mente es el campo de batalla principal del enemigo. El diablo no necesita quitarte tus finanzas, tus relaciones o tu carrera para destruirte. Solo necesita acceso a tus pensamientos. Si logra que creas sus mentiras, que dudes de ti misma y que temas al futuro, sabe que nunca entrarás por completo en lo que Dios ha preparado para ti.

El enemigo trabaja con la mentira, plantando pensamientos sutiles que al principio parecen inofensivos: *"No eres suficiente. A nadie le importas. Nunca lo vas a lograr."* Si no confrontas esos pensamientos, echan raíces y comienzan a moldear tus acciones, tus decisiones y, al final, tu destino.

Pero la Palabra de Dios es clara: tenemos el poder de tomar cada pensamiento y someterlo.

"Porque las armas de nuestra milicia no son carnales, sino poderosas en Dios para la destrucción de fortalezas, derribando argumentos y toda altivez que se levanta contra el conocimiento de Dios, y llevando cautivo todo pensamiento a la obediencia a Cristo." (2 Corintios 10:4-5, NKJV)

Nadie puede esperar vivir en la prosperidad del Reino mientras sostiene pensamientos que contradicen la verdad de Dios. Cada fortaleza mental debe ser derribada, cada mentira reemplazada, y cada pensamiento alineado a la obediencia de Cristo.

La historia de Madison no es única. Muchas personas viven toda su vida prisioneras de su mente, sin saber que tienen el poder de ser libres. Renovar la mente no es un evento de una sola vez. Es un proceso diario, un compromiso de por vida de elegir la verdad por encima del engaño. Habrá días en los que la batalla se sienta intensa. Las mentiras volverán a tocar la puerta. Pero quien persevera, quien decide una y otra vez reemplazar la mentira con la Palabra de Dios, inevitablemente será transformado.

La mente es la puerta de entrada para cumplir todo lo que Dios ha planeado para tu vida. Si tus pensamientos están alineados con Su verdad, no hay nada que pueda detenerte de caminar en la plenitud de tu propósito. La decisión es tuya: ¿seguir viviendo atado a mentiras o ser transformado por la verdad?

Principios Bíblicos para Renovar tu Mente y Caminar en Prosperidad

A continuación encontrarás versículos clave y principios fundamentales que te ayudarán a renovar tu mente y alinear tu negocio con la prosperidad del Reino:

1. **La transformación comienza en la mente** – *"No se conformen a este mundo, sino transfórmense mediante la renovación de su mente, para que comprueben cuál es la voluntad de Dios, buena, agradable y perfecta."* (Romanos 12:2, NKJV)

o Tu manera de pensar define tu realidad. Renovar tu mente con la verdad de Dios es el primer paso hacia una vida próspera.

2. **Libérate de las creencias limitantes** – *"Porque las armas de nuestra milicia no son carnales, sino poderosas en Dios para la destrucción de fortalezas."* (2 Corintios 10:4, NKJV)

o Todo pensamiento que contradiga las promesas de Dios debe ser derribado y reemplazado por Su verdad.

3. **Dios es la fuente de toda provisión** – *"Y mi Dios suplirá todo lo que les falte, conforme a sus riquezas en gloria en Cristo Jesús."* (Filipenses 4:19, NKJV)

o La verdadera prosperidad viene de confiar en Dios como tu proveedor, no solo en tus esfuerzos.

4. **La fe sin acción está muerta** – *"Así como el cuerpo sin espíritu está muerto, así también la fe sin obras está muerta"* (Santiago 2:26, NKJV)

o Renovar la mente implica alinear tus pensamientos con acciones que reflejen esa nueva manera de creer.

Cómo aplicar estos principios

• Detecta y reemplaza las creencias que están limitando tu crecimiento.

• Confía en que Dios es tu fuente y deja atrás la mentalidad de escasez.

• Da pasos de fe que reflejen tu nueva mentalidad, actuando con valentía hacia la prosperidad.

Renovar tu mente no es opcional; es un requisito para vivir en plenitud el propósito que Dios tiene para ti. Si no renuevas tu manera de pensar, el enemigo seguirá manteniéndote atado al miedo, la duda y la limitación. La batalla más grande que enfrentarás en la vida es la que ocurre en tu mente, y si no tomas el control de tus pensamientos, ellos terminarán controlándote a ti.

No fuiste creado para vivir atrapado en ciclos de derrota. No naciste para luchar con la inseguridad, el temor o la escasez. Dios te llamó a prosperar, pero esa prosperidad comienza primero en tu mente, mucho antes de manifestarse en tu realidad. Si piensas en pequeño, vivirás en pequeño. Si crees mentiras, te quedarás atrapado en ellas. Si dejas que el miedo guíe tus decisiones, nunca entrarás en la abundancia que Dios tiene preparada para ti.

Pero no estás indefenso. Dios te ha dado las herramientas para derribar fortalezas mentales, romper patrones generacionales y vivir una vida completamente transformada. Todo comienza con una decisión: rechazar todo pensamiento que contradiga la Palabra de Dios y reemplazarlo con Su verdad. El proceso no siempre será fácil, pero valdrá la pena. Algunos días se sentirán como una lucha, y pensamientos viejos intentarán volver. Sin embargo, aquellos que persisten, que se comprometen a renovar su mente cada día y que se niegan a cederle el control al enemigo, verán la transformación hecha realidad.

Tu mente es la puerta de entrada a tu destino. Si alineas tus pensamientos con el cielo, nada podrá detenerte de vivir en la prosperidad, el éxito y el propósito que Dios ya diseñó para ti. Es hora de tomar el control de tus pensamientos. Es hora de reemplazar cada mentira con la verdad. Es hora de renovar tu mente y entrar en la prosperidad del Reino. La decisión es tuya: ¿seguirás atado al pasado o darás el paso hacia el futuro que Dios tiene para ti?

Parte 2

LOS PRINCIPIOS DE LA PROSPERIDAD

La prosperidad no es un accidente. No está reservada para unos pocos, ni es fruto del azar o la suerte. La verdadera prosperidad es un proceso divino, guiado por principios que, cuando se comprenden y se aplican, desbloquean una vida de abundancia, propósito e impacto. Dios no diseñó a sus hijos para vivir en escasez, luchando sin cesar sin llegar a ninguna parte. Los creó para florecer, multiplicarse y administrar recursos de una manera que les traiga plenitud personal y que al mismo tiempo haga avanzar Su Reino.

Muchos anhelan libertad financiera, pero pocos entienden realmente los principios que rigen la prosperidad. El mundo define la riqueza por lo que se acumula: cuentas llenas, negocios en expansión y activos crecientes. Pero la prosperidad bíblica no se trata solo de dinero; se trata de plenitud. Es caminar en la provisión total de Dios, no solo para nuestro propio bienestar, sino con un propósito divino. La riqueza del mundo puede basarse en engaños, manipulación o codicia, pero la prosperidad del Reino se fundamenta en la integridad, la generosidad y la alineación con la voluntad de Dios.

En esta sección se revelan las leyes divinas que rigen el crecimiento, leyes tan firmes como la gravedad y tan constantes como la salida del sol. No son solo ideales espirituales, son verdades prácticas que transforman negocios, familias y generaciones enteras. Cuando se aplican, renuevan la mente, abren puertas de oportunidad y posicionan al creyente para vivir en la abundancia de Dios.

El principio de la fe y la visión te desafiará a mirar más allá de tus circunstancias actuales y a avanzar hacia el futuro que Dios ha planeado para ti. El principio del valor y el servicio te mostrará cómo se crea la verdadera riqueza: no corriendo detrás del dinero, sino resolviendo problemas, cubriendo necesidades y sirviendo con excelencia. El principio de la multiplicación revelará cómo Dios desea que todo lo que está en tus manos crezca, para que lo que construyas no termine contigo, sino que se extienda más allá de tu vida.

Estos no son trucos temporales; son verdades eternas, diseñadas por el Creador de todas las cosas. Quienes las abracen se elevarán por encima de los límites del sistema económico del mundo y experimentarán una provisión sobrenatural. La diferencia entre los que prosperan y los que luchan no es la suerte, es la revelación. Una vez comprendas estos principios, nunca volverás a ver los negocios, el dinero o el éxito de la misma manera.

Prepárate. Los principios de la prosperidad están por revelarse y, cuando lo hagan, nada podrá detener lo que Dios está a punto de liberar en tu vida.

4

FE Y VISIÓN – VERLO ANTES DE QUE SUCEDA

Todo lo que existe en el mundo físico fue creado primero en el mundo invisible. Cada edificio alguna vez fue un plano, cada invento fue primero una idea, y cada negocio empezó como una visión en la mente de alguien antes de hacerse realidad. Nada se manifiesta sin haber sido concebido primero en el interior. El principio de la fe y la visión es la base de cada gran movimiento de Dios, cada avance en los negocios y cada paso hacia la prosperidad.

Proverbios 29:18 declara: *"Donde no hay revelación, el pueblo se desenfrena; pero bienaventurado el que guarda la ley."* (NKJV). Otras traducciones dicen: *"Donde no hay visión, el pueblo perece."* (KJV). La visión no es opcional, es esencial. Sin ella, las personas vagan sin rumbo, tomando decisiones basadas en sus circunstancias en lugar de hacerlo conforme al propósito divino. Sin visión, los negocios fracasan, las familias pierden el rumbo y muchos quedan atrapados en la mediocridad. La visión es el plano espiritual de todo lo que Dios desea traer a la existencia.

La Mente y su Capacidad para Darle Forma a la Realidad

Dios diseñó la mente humana con la habilidad sobrenatural de crear, imaginar y traer lo invisible a la realidad. La imaginación no es un juego de niños; es una herramienta poderosa que Dios nos dio para concebir y manifestar Sus planes. El enemigo lo sabe y ha trabajado sin descanso para corromperla, llenando la mente de dudas, temores y escenarios catastróficos, porque sabe que si las personas entendieran

41

el poder real de su imaginación dada por Dios, comenzarían a caminar con una fe sobrenatural.

Andrew Wommack, en *El Poder de la Imaginación*, explica que la imaginación es la "incubadora de la fe". Nadie puede creer por algo que no ha visualizado primero en su mente. Todo comienza con una imagen. Cuando Dios le dijo a Abraham que sería padre de muchas naciones, le dio una representación visual: las estrellas del cielo. Abraham necesitaba verlo antes de poder recibirlo. Ese mismo principio sigue vigente hoy. Lo que se medita constantemente, se visualiza e imagina, terminará manifestándose.

Una persona que vive imaginando fracasos, pérdidas y dificultades, inevitablemente caminará en eso. Pero quien entrena su imaginación para enfocarse en las promesas de Dios, en la abundancia financiera, en el éxito sobrenatural y en el impacto para el Reino, verá esos frutos en su vida. La fe no es ciega; ve lo que otros aún no pueden ver.

La Fe Requiere Ver Antes de Recibir

La fe es la capacidad de creer en lo que los ojos naturales aún no pueden ver. Hebreos 11:1 dice: *"Es, pues, la fe la certeza de lo que se espera, la convicción de lo que no se ve."* (NKJV). Es decir, la fe le da sustancia a lo invisible. Sin fe, nada puede manifestarse en el plano natural.

Jesús enseñó constantemente el principio de ver antes de recibir. Cuando estuvo frente a la tumba de Lázaro, dio gracias a Dios *antes* de que ocurriera el milagro (Juan 11:41-44). Cuando alimentó a los cinco mil, bendijo los panes y los peces *antes* de que se multiplicaran (Mateo 14:19-21). Siempre actuaba como si lo que veía en el espíritu fuera más real que lo que había en lo natural. Muchos creyentes enfrentan dificultades en los negocios y las finanzas porque solo actúan según lo que ven con los ojos físicos. Reaccionan ante las circunstancias en lugar de caminar por fe. Un emprendedor del

Reino no espera ver algo para creer; lo cree primero, lo imagina con claridad y luego lo recibe.

La Visión Debe Escribirse y Declararse

Dios le dio esta instrucción a Habacuc: *"Escribe la visión y declárala en tablas, para que corra el que leyere en ella."* (Habacuc 2:2, NKJV). Lo que visualizas debe plasmarse por escrito, hablarse en voz alta y reforzarse cada día. Quienes dejan sus sueños solo en su mente, sin hacerlos tangibles, rara vez los ven cumplirse. Escribir una visión es un acto profético; declara que lo que aún no se ve, pronto se establecerá.

Hablar la visión es igual de importante. *"La muerte y la vida están en poder de la lengua, y el que la ama comerá de sus frutos."* (Proverbios 18:21, NKJV). Las palabras crean realidad. Lo que repites con frecuencia empieza a moldear tus pensamientos, tus expectativas y tus acciones. Los emprendedores del Reino declaran las promesas de Dios sobre sus negocios, sus finanzas y su futuro. Hablan de crecimiento, favor y estrategias divinas como si ya existieran.

La Imaginación Activa lo Sobrenatural

La imaginación es el puente entre lo espiritual y lo físico. Muchas personas oran por milagros, pero pocas se toman el tiempo de imaginarlos ocurriendo. Si alguien ora por aumento financiero pero todo el tiempo se imagina las deudas acumulándose, está cancelando su fe con duda. La fe verdadera requiere ver el milagro antes de que se manifieste.

Por eso Jesús solía preguntar qué deseaban las personas antes de sanarlas. Quería que primero lo vieran en su interior, antes de vivirlo por fuera. En Marcos 10:51, le preguntó al ciego: *"¿Qué quieres que te haga?"* (NKJV). No era porque no supiera, sino porque necesitaba que el hombre se viera a sí mismo sano.

Si un empresario imagina más el fracaso que el éxito, su realidad terminará reflejando esos pensamientos. Si un emprendedor no puede verse liderando una empresa próspera, contratando personal, ampliando su alcance y siendo financieramente libre, le costará mucho lograrlo. Dios se asocia con nuestra imaginación llena de fe para producir resultados sobrenaturales.

Ejemplos Bíblicos de Visión que Trajo Prosperidad

A lo largo de la Biblia, quienes vivieron grandes logros primero recibieron una visión:

- **José** se vio a sí mismo como gobernante mucho antes de estar frente al faraón. Sus sueños le dieron la fuerza para soportar traiciones, falsas acusaciones y prisión. Sin una visión, habría perdido la esperanza en el proceso (Génesis 37:5-10).

- **Moisés** condujo al pueblo hacia la Tierra Prometida porque creyó en la visión que Dios le dio. Aunque muchos dudaron o se quejaron, Moisés nunca dejó de creer que llegarían a heredar lo prometido (Éxodo 3:7-10).

- **David** fue ungido como rey cuando aún era un pastor de ovejas. Mucho antes de ocupar el trono, ya llevaba la visión en su corazón. A pesar de los años huyendo de Saúl y enfrentando enemigos, nunca perdió de vista lo que Dios le había dicho (1 Samuel 16:12-13).

Una Historia de Fe e Imaginación

Santiago había vivido toda su vida atrapado en una mentalidad que nunca eligió. Criado por su abuela, creció escuchando una narrativa constante de victimismo y justificación. Ella siempre le decía que nada era su culpa. Si fracasaba, era porque alguien lo había engañado. Si tenía dificultades, era porque el mundo estaba en su contra. Si no tenía éxito, era porque los ricos y poderosos se encargaban de que gente como él nunca lo lograra.

"Tú trabajas duro, ¿y qué ganas con eso?", murmuraba ella mientras veía las noticias. "Nada. Ellos se llevan todo. Por eso seguimos donde estamos. No es tu culpa, mi amor. Así es el mundo".

Sus palabras se fueron arraigando en el subconsciente de Santiago, moldeando su forma de verse a sí mismo y de imaginar su futuro. Sus padres biológicos no formaban parte de su vida y nunca habían mostrado verdadera ambición. Su madre apenas sobrevivía con trabajos que detestaba, y a su padre solo lo conocía de nombre. Nunca hablaron con él sobre sueños ni visión. Solo existían… y Santiago aprendió a hacer lo mismo.

En su adolescencia, jamás soñó con ser algo más. Cuando los profesores animaban a sus alumnos a pensar en sus futuras carreras, Santiago simplemente se encogía de hombros. "¿Para qué?", pensaba. "Igual terminaré en un trabajo que odio, ganando lo justo para sobrevivir". Cuando empezó a trabajar, ya tenía esa actitud marcada. Esperaba que el mundo le diera lo que creía merecer. Consiguió empleo en una ferretería y hacía lo mínimo, quejándose todo el tiempo del salario. "Deberían pagarme más", decía mientras se recostaba del mostrador cuando no había clientes. "Ellos se llenan de dinero y nosotros no vemos nada".

Cuando lo regañaban por no hacer su trabajo, culpaba al gerente por ser demasiado exigente. Si no lo ascendían, se convencía de que era por favoritismo. Jamás se le pasó por la cabeza que su actitud o su falta de iniciativa tuvieran algo que ver. Su imaginación había sido secuestrada por la limitación, y todo lo que podía ver era un futuro de lucha. Se imaginaba siempre estancado, siempre ignorado, siempre en el mismo sitio… y eso fue exactamente lo que vivió.

Una tarde, después de otro día frustrante, Santiago entró en un pequeño restaurante con la intención de ahogar su fastidio en una taza de café. Mientras se perdía en sus pensamientos, escuchó una conversación en la mesa de atrás. Una voz grave y serena se impuso sobre el ruido del local.

"Te lo digo, los únicos límites en la vida son los que uno acepta. Si no puedes verte caminando hacia algo más grande, nunca lo harás".

Santiago volteó, intrigado. Quien hablaba era un hombre mayor, con una presencia imponente pero tranquila. Se llamaba Samuel y era conocido en la comunidad como empresario y mentor. Algo en sus palabras despertó algo dentro de Santiago, algo incómodo pero poderoso. Sin pensarlo demasiado, se levantó y se acercó a la mesa. "Disculpe, señor", dijo con duda, "escuché lo que decía sobre los límites. No entendí muy bien lo que quiso decir".

Samuel lo miró por un momento antes de hacerle señas para que se sentara. "Háblame de ti", le dijo. Santiago dudó un poco, pero terminó compartiendo partes de su vida, sus luchas, su frustración, cómo parecía que nada le salía bien. Esperaba que Samuel le diera la razón, como siempre hacía su abuela. Pero en lugar de eso, el hombre se inclinó hacia él, con los ojos llenos de convicción.

"Hijo, tu problema no es tu pasado. No es tu familia, ni tu trabajo, ni siquiera el mundo. Tu verdadero problema es que nunca has visto algo distinto".

Santiago frunció el ceño. "¿Cómo así?"

Samuel sacó una pequeña libreta de su bolsillo y leyó un pasaje: *"Donde no hay visión, el pueblo se desenfrena; pero bienaventurado el que guarda la ley."* (Proverbios 29:18, NKJV).

"Esto significa que si no puedes imaginar un futuro distinto, nunca vas a avanzar hacia él. Has pasado toda tu vida imaginando fracaso, y eso es lo que has vivido. Estás usando tu imaginación en tu contra".

Santiago lo miró confundido. "Ni siquiera creo tener imaginación".

Samuel soltó una pequeña risa. "Claro que la tienes. Todos la tenemos. Apuesto que ahora mismo estás visualizándote atrapado en la misma vida de siempre, ¿cierto?"

Santiago asintió lentamente.

"Esa es tu imaginación", dijo Samuel. "Y está trabajando en tu contra. Dios te dio la capacidad de ver más allá antes de dar un paso. Si lo único que ves es escasez, lucha y límites, eso es lo que experimentarás. Pero si empiezas a verte como alguien capaz, exitoso, y viviendo el propósito de Dios, todo va a comenzar a cambiar".

Esas palabras impactaron a Santiago como un rayo. Nunca se había planteado que sus propios pensamientos estaban saboteando su vida; que su imaginación estaba reforzando exactamente lo que odiaba.

Samuel notó el cambio en su mirada y sonrió. "Quiero ser tu mentor. Si estás dispuesto, puedo enseñarte cómo renovar tu mente con la Palabra de Dios; cómo usar tu imaginación para construir tu futuro, no para destruirlo".

Santiago dudó, y luego asintió. "No quiero seguir estancado", confesó. "Solo que no sé cómo cambiar".

"Perfecto", dijo Samuel. "Eso significa que ya estás listo".

Desde ese día, la vida de Santiago comenzó a transformarse. Samuel le enseñó a ver su vida con los ojos de la fe, a imaginar el éxito antes de vivirlo. Cada mañana, Santiago escribía cómo quería que fuera su futuro, visualizándose como un líder, un emprendedor y un hombre de fe.

Cuanto más se imaginaba triunfando, más cambiaban sus acciones. Dejó de quejarse y comenzó a tomar la iniciativa en el trabajo. Dejó de esperar a que alguien le diera algo y empezó a formarse por su cuenta. Se veía a sí mismo como alguien capaz de construir algo grande, y pronto empezaron a aparecer las oportunidades.

En dos años, había fundado su propio negocio, algo que antes le parecía imposible. En cinco, ya tenía empleados a su cargo y estaba guiando a jóvenes que le recordaban a su antiguo yo. ¿La diferencia? Aprendió a ver más allá de donde estaba.

Santiago entendió que la prosperidad nunca había estado fuera de su alcance. Lo único que se lo impedía era su visión limitada.

Cuando aprendió a verse como Dios lo veía, pudo entrar en la realidad que lo había estado esperando todo el tiempo. Santiago ya no era una víctima de las circunstancias; ahora era un vencedor. Un hombre de fe y visión.

Principios Bíblicos de Fe y Visión

Las siguientes Escrituras y principios refuerzan el poder de la fe y la visión. Medita en ellos y aplícalos a tu vida y a tu negocio:

1. **Sin visión, el pueblo perece** – *"Donde no hay visión, el pueblo se desenfrena; pero bienaventurado el que guarda la ley."* (Proverbios 29:18, NKJV)

   o Una visión clara trae propósito, dirección y disciplina. Sin ella, las personas permanecen atrapadas en ciclos de incertidumbre.

2. **La fe es la evidencia de lo que no se ve** – *"Es, pues, la fe la certeza de lo que se espera, la convicción de lo que no se ve."* (Hebreos 11:1, NKJV)

   o La fe ve lo que aún no existe y lo trae a la realidad.

3. **Escribe la visión y declárala** – *"Escribe la visión, y declárala en tablas, para que corra el que leyere en ella."* (Habacuc 2:2, NKJV)

   o Una visión debe escribirse, revisarse a diario y declararse en voz alta con fe.

4. **Dios obra a través de nuestra imaginación** – *"Y lo llevó fuera, y le dijo: Mira ahora los cielos, y cuenta las estrellas, si las puedes contar. Y le dijo: Así será tu descendencia."* (Génesis 15:5, NKJV)

   o Dios le dio a Abraham una imagen de Su promesa, reafirmando el poder de la imaginación.

5. **Habla vida sobre tu visión** – *"La muerte y la vida están en poder de la lengua, y el que la ama comerá de sus frutos."* (Proverbios 18:21, NKJV)

   o Las palabras crean realidades. Declara vida sobre tu negocio y tu futuro.

Cómo aplicar estos principios

- Dedica tiempo cada día a visualizar tu éxito, viéndolo primero en tu mente antes de que se manifieste.

- Escribe tu visión, léela todos los días y decláraIa en voz alta.

- Elimina pensamientos negativos y reemplázalos con una imaginación llena de fe.

- Pídele a Dios que te muestre la visión que Él tiene para tu negocio y alinea tus acciones con Su plan.

La historia de Santiago no es única. Cada persona vive dentro de la visión que ha cultivado o de la que ha descuidado. La capacidad de ver más allá de las circunstancias actuales no es solo una habilidad, es una necesidad para entrar en la plenitud de los planes de Dios. La fe y la visión van de la mano, y la imaginación es el puente entre lo invisible y lo tangible. Dios ya ha diseñado un futuro para ti, lleno de propósito, provisión e impacto. La pregunta no es si ese futuro existe, la pregunta es si puedes verlo. Lo que permitas que ocupe tu mente, lo que decidas visualizar cada día, determinará lo que se manifestará en tu vida. Si sigues viéndote limitado, luchando y atrapado, ahí te quedarás. Pero si te atreves a verte caminando en la abundancia que Dios ha preparado, empezarás a avanzar hacia ella. La clave está en aprender a alinear tu imaginación con la fe, ver lo que Dios ha dicho antes de que ocurra, declarar Sus promesas antes de que se cumplan y caminar hacia ellas con confianza. Esta es la base de la prosperidad sobrenatural… y apenas es el comienzo.

El siguiente principio de prosperidad profundizará aún más: revelará cómo el valor y el servicio multiplican la riqueza, cómo resolver problemas abre puertas, y cómo la verdadera prosperidad no se trata de perseguir dinero, sino de generar impacto. Si estás listo para salir del modo supervivencia y entrar en la abundancia, lo que viene a continuación puede cambiarlo todo para ti.

5

LA LEY DEL VALOR – SERVIR ANTES QUE VENDER

En el sistema del mundo, el éxito suele medirse por cuántas personas te sirven, cuánta riqueza acumulas y cuánta influencia puedes ejercer sobre los demás. Cuanto más alto llegas, más admiración recibes. Se nos enseña que para ser grande hay que hacerse notar, imponer autoridad y posicionarse por encima de los demás.

Pero en el Reino de Dios es todo lo contrario. En Su sistema, la verdadera grandeza no se mide por cuántas personas te sirven, sino por qué tan bien sirves tú a los demás. El crecimiento no viene de la ambición egoísta, sino de la entrega desinteresada. En el Reino, no se trata de cuánto tomas, sino de cuánto das. Jesús lo dejó muy claro:

"Mas entre vosotros no será así, sino que el que quiera hacerse grande entre vosotros será vuestro servidor, y el que quiera ser el primero entre vosotros será vuestro siervo; como el Hijo del Hombre no vino para ser servido, sino para servir, y para dar su vida en rescate por muchos." (Mateo 20:26-28, NKJV)

Este principio es la base del verdadero éxito. Si deseas crecer en los negocios, tener influencia o liderar, primero debes abrazar el corazón de siervo. Si quieres tener más recursos, primero concéntrate en cómo puedes aportar valor a los demás. Si aspiras a que se te confíe más, empieza por ser fiel con lo que ya tienes.

Bajar Para Subir: El Camino De La Humildad

Jesús enseñó que el camino hacia lo alto empieza por lo bajo. La verdadera grandeza comienza con humildad.

"Porque el que se enaltece será humillado, y el que se humilla será enaltecido." (Mateo 23:12, NKJV)

El orgullo es el mayor enemigo del éxito verdadero, mientras que la humildad es la base de una prosperidad duradera. Muchos buscan ser reconocidos, honrados, respetados y servidos, pero pocos están dispuestos a humillarse para servir primero. El mundo dice que persigas el poder; Dios dice que lo sueltes, y verás cómo Él te levanta en el momento indicado.

José fue destinado a la grandeza, pero su camino al palacio comenzó en un pozo, luego la esclavitud y más tarde la cárcel. No llegó a gobernar Egipto exigiendo autoridad, sino demostrando fidelidad en cada etapa de servicio (Génesis 39:2-4, 21-23). Antes de salvar a una nación, sirvió en casa de Potifar e interpretó los sueños de otros presos. Su promoción vino porque aceptó servir antes que reinar.

David fue ungido como rey, pero su primer encargo después de ser escogido fue seguir cuidando ovejas. Antes de gobernar Israel, tocaba el arpa para Saúl y llevaba comida a sus hermanos al campo de batalla (1 Samuel 16:11-13, 19-23; 17:17-18). No tomó el trono por la fuerza; esperó con humildad, y Dios lo exaltó en el momento oportuno.

Jesús, el Rey de reyes, mostró este principio como nadie. La noche antes de ser crucificado, se inclinó para lavar los pies de sus discípulos, tomando el lugar de un sirviente (Juan 13:3-5). Si el mismo Hijo de Dios modeló esta humildad, entonces ningún emprendedor, líder o empresario está exento. La verdadera prosperidad comienza con un corazón humilde. Solo cuando estás dispuesto a bajar, Dios puede confiarte el subir.

Primero Aporta Valor Y Confía En Dios Para La Provisión

Uno de los mayores secretos de la riqueza en el Reino es que el dinero sigue al valor. El mundo persigue el dinero, pero en el Reino, la provisión llega cuando sirves, resuelves problemas y cubres necesidades. Cuando tu enfoque está en añadir valor a los demás, la riqueza viene como consecuencia.

Proverbios 11:25 dice: *"El alma generosa será prosperada; y el que saciare, él también será saciado."* (NKJV)

Esto significa que al dar a otros, tú también recibirás. Cuando haces la vida mejor para otros, Dios se encarga de ti. Muchos enfrentan dificultades financieras porque se enfocan solo en lo que pueden recibir, en lugar de pensar en lo que pueden dar. Preguntan: *"¿Cómo puedo ganar más dinero?"* cuando deberían preguntarse: *"¿Cómo puedo ofrecer más valor?"*

La verdad es que mientras más problemas resuelvas, más personas sirvas y más vidas impactes, mayor será tu crecimiento económico.

Todo emprendedor exitoso en la historia se hizo próspero porque resolvió un problema. No comenzaron buscando riquezas, sino cubriendo una necesidad, ofreciendo soluciones o productos valiosos que otros estaban dispuestos a pagar. Las mejores empresas del mundo crecieron porque se centraron primero en servir.

Jesús fue el ejemplo perfecto. No vino exigiendo honor; vino sanando a los enfermos, alimentando a los hambrientos y enseñando a los perdidos. Su impacto fue tan grande que las multitudes lo seguían. Cuando vives para servir, las personas se acercan, las oportunidades aparecen y los recursos fluyen.

Una de las ideas más equivocadas sobre el liderazgo es que se trata de poder. Pero en realidad, liderar no es tener autoridad sobre otros, sino servirles bien.

Jesús lo dejó claro cuando dijo:

"Pero el mayor de vosotros será vuestro siervo." (Mateo 23:11, NKJV)

Los mejores líderes son los que más valor aportan a los demás. No lideran con imposiciones, sino con influencia. No exigen respeto; lo ganan con sus acciones. Un verdadero líder levanta a los demás, los impulsa y los hace crecer.

Dios exalta a los que priorizan el bienestar de otros. Si quieres liderar, primero aprende a servir. Si buscas éxito financiero, conviértete en alguien que genera valor para los demás.

Caminar En El Don Del Emprendimiento

Emprender no se trata solo de hacer dinero; es una forma de administrar un don. Dios ha dado a cada persona talentos, habilidades y capacidades diseñadas para servir a otros. Cuando usas esos dones para aportar valor, estás cumpliendo tu propósito.

Romanos 12:6-8 habla de diferentes dones dados por Dios, incluyendo el de dar con generosidad y liderar con diligencia. Los negocios son una herramienta para expresar estos dones, ya sea ofreciendo empleos, resolviendo problemas o sirviendo a tu comunidad.

Cuando emprendes con un corazón dispuesto a servir, estás alineándote con el diseño de Dios. No se trata solo de generar ingresos, sino de cumplir una misión del Reino. Estás usando tus manos, tu mente y tus recursos para bendecir a otros.

La pregunta no es: *"¿Cómo puedo volverme rico?"* sino: *"¿Cómo puedo usar lo que Dios puso en mí para servir a otros?"* Cuando respondes esa pregunta, la riqueza llega por añadidura.

La Cafetería Que Lo Cambió Todo

Daniel siempre había soñado con tener su propio negocio. Durante años observó a emprendedores exitosos y se preguntaba qué los hacía diferentes. Cuando por fin abrió su pequeña cafetería, estaba decidido a que funcionara. Estudió estrategias, analizó a su competencia y trabajó sin parar para atraer clientes.

Al principio, todo iba lento. Llegaban pocas personas, y no había nada especial en su local. Luchaba para pagar las cuentas, y la duda comenzó a aparecer. Una noche, mientras cerraba, oró frustrado: *"Señor, ¿por qué no está funcionando? He hecho todo bien."*

A la mañana siguiente, un empresario jubilado llamado señor Evans entró y se sentó junto a la ventana. Daniel le llevó su café y el hombre le sonrió: "Hijo, ¿qué problema estás resolviendo para las personas?"

Daniel se sorprendió. "Vendo café", respondió.

Evans se rió. "No, estás ofreciendo una experiencia. Estás sirviendo a personas, no solo café. Si te enfocas en aportar valor, el dinero llegará." Esas palabras se le quedaron grabadas. Esa noche, leyó Mateo 20:26 y entendió que el éxito en el Reino no se trata de cuánto puedes ganar, sino de cuánto puedes servir.

Al día siguiente, cambió todo. En lugar de solo vender café, se propuso mejorar el día de cada cliente. Recordaba sus nombres, preguntaba por sus familias y creó un ambiente donde la gente se sentía valorada. Hizo alianzas con artistas locales para exhibir su arte y comenzó noches gratuitas de mentoría para jóvenes emprendedores.

Poco a poco, el local se transformó. Se corrió la voz de que esa cafetería no era solo un lugar para tomar algo, sino un espacio donde uno se sentía visto, escuchado y apreciado. Los clientes se volvieron fieles, y cada vez llegaban más personas. Sin darse cuenta, su cafetería pasó de estar al borde del cierre a convertirse en la más popular del pueblo.

Una noche, al cerrar, sonrió y susurró: *"Gracias, Señor. Ahora lo entiendo. No se trata de vender, se trata de servir."* Al aportar valor a su negocio, Daniel activó la ley de la prosperidad del Reino.

Su negocio floreció, no porque persiguiera el dinero, sino porque eligió servir.

Principios Bíblicos De La Ley Del Valor – Servir Antes Que Vender

1. **La verdadera grandeza viene del servicio** – *"El que quiera hacerse grande entre vosotros será vuestro servidor."* (Mateo 20:26, NKJV)

   o Si deseas tener éxito, primero debes abrazar el corazón de siervo.

2. **Dios recompensa a los que se humillan** – *"Porque el que se enaltece será humillado, y el que se humilla será enaltecido."* (Mateo 23:12, NKJV)

   o La verdadera promoción viene de la humildad, no de la autopromoción.

3. **La riqueza sigue al valor** – *"El alma generosa será prosperada; y el que saciare, él también será saciado."* (Proverbios 11:25, NKJV)

   o Cuando aportas valor a los demás, la provisión llega como resultado.

4. **Liderar es servir a otros** – *"Pero el mayor de vosotros será vuestro siervo"* (Mateo 23:11, NKJV)

   o El verdadero liderazgo se trata de influenciar con humildad, no de controlar.

5. **El emprendimiento es un don de Dios** – *"De manera que, teniendo diferentes dones, según la gracia que nos es dada, usémoslos...."* (Romanos 12:6, NKJV)

   o Los negocios son una herramienta para cumplir el propósito de Dios sirviendo a los demás.

Cómo aplicar estos principios

- Adopta un corazón de siervo. El éxito empieza por servir; mientras más sirves, mayor será tu impacto.

- Camina con humildad y deja que Dios te promueva. La verdadera promoción viene de Él, no de hacerte notar.

- Concéntrate en aportar valor, no solo en vender. Cuando cubres necesidades y resuelves problemas, la provisión te sigue.

- Lidera desde el servicio, no desde la autoridad. El liderazgo genuino nace de servir, no de imponer.

- Usa tu negocio como una herramienta de ministerio. Tu emprendimiento es una plataforma para servir y avanzar el Reino de Dios.

Como emprendedor, tu negocio no es solo una forma de ganar dinero; es un ministerio, un vehículo para servir a otros y una herramienta para generar impacto en el Reino. No se trata solo de vender un producto u ofrecer un servicio. Se trata de resolver problemas, cubrir necesidades y aportar valor a las personas que Dios te ha llamado a servir. Si hasta ahora solo te has enfocado en lo que puedes obtener, es momento de cambiar esa mentalidad. La prosperidad en el Reino no se trata de perseguir el dinero, sino de atraer provisión a través del servicio. La verdadera pregunta no es: *¿Cuánto puedo ganar?*, sino: *¿Qué tan bien puedo servir?*

Piensa en tu negocio o en el que estás construyendo. ¿A quién estás sirviendo? ¿Estás aportando valor a tus clientes, colaboradores o empleados? ¿Estás haciendo sus vidas más fáciles, más alegres o simplemente mejores? ¿Te estás acercando a cada interacción con un corazón de siervo, sabiendo que cuando sirves bien, Dios se encarga de que no te falte nada?

Cuando adoptas esta verdad, todo cambia. Ya no te preocupa la competencia, porque nadie puede superarte sirviendo. Ya no te estresas por el dinero, porque sabes que la provisión sigue al valor. Ya no necesitas buscar ser visto, porque tu servicio te hace inolvidable. Así es como crecen los emprendedores del Reino: se humillan ante Dios y confían en que Él los levantará en el momento justo. Tu gran avance está del otro lado del servicio. Tu incremento está escondido en el valor que ofreces. Tu negocio va a florecer cuando dejes de enfocarte en vender y empieces a enfocarte en servir.

Este es el momento de cambiar el enfoque. El mundo te dice que persigas el éxito, pero el Reino te llama a crearlo, a través del servicio, del impacto y de agregar valor a los demás. En el instante en que dejas de buscar ser servido y comienzas a servir con excelencia, se abren puertas que ningún esfuerzo humano podría abrir.

Estás parado frente a algo más grande. Lo que hagas a continuación determinará tu nivel de crecimiento. ¿Seguirás haciendo negocios a la manera del mundo, enfocado en ventas, números y transacciones? ¿O decidirás abrazar este principio divino: que el verdadero éxito se encuentra en la calidad de tu servicio?

Si estás listo para algo que va más allá de lo que puedes lograr con tus propias fuerzas, el próximo capítulo tiene la clave para ti. La ley de la multiplicación no se trata solo de trabajar más duro, sino de permitir que Dios tome lo que tienes y lo multiplique de forma sobrenatural. Cuando entiendas este principio, nunca volverás a ver los negocios de la misma manera. Tu siguiente nivel te está esperando. ¡Vamos!

6

LA LEY DE LA MULTIPLICACIÓN – HACER CRECER UN NEGOCIO A LA MANERA DE DIOS

Dios es un Dios de multiplicación. Desde el principio de la creación, su diseño para la humanidad, la tierra y todo ser viviente ha sido crecer y expandirse. Cuando bendijo a Adán y Eva, su primer mandato fue: *"Fructificad y multiplicaos; llenad la tierra y sojuzgadla"* (Génesis 1:28, NKJV). Esto no solo se refería a tener hijos; era un principio de abundancia, dominio y mayordomía. Todo en el Reino de Dios está diseñado para crecer, y eso incluye tu negocio, tu influencia y tu impacto.

Sin embargo, muchos emprendedores operan con una mentalidad de escasez. Trabajan sin descanso, confiando solo en su propio esfuerzo para alcanzar el éxito, pero terminan agotados, estancados o abrumados. La multiplicación no se trata solo de trabajar más; se trata de trabajar en alineación con los principios del Reino.

Cuando intentas construir algo solo con tus fuerzas, también tendrás que mantenerlo por tu cuenta. Pero cuando permites que Dios sea la fuente de tu crecimiento, Él no solo te da la expansión, sino también la sabiduría, el favor y las estrategias necesarias para sostenerla.

La diferencia entre el éxito del mundo y la multiplicación en el Reino es simple: *¿quién es tu fuente?* Si tu fuente es tu habilidad, tus contactos o la economía, vivirás con miedo constante de perder lo que has construido. Pero si tu fuente es Dios, ningún colapso económico, competencia ni crisis podrá frenar el crecimiento que Él ha planeado para ti.

La Responsabilidad De Multiplicar

Jesús ilustró el principio de la multiplicación en la Parábola de los Talentos:

*"El **reino de los cielos** es como un hombre que, al irse lejos, llamó a sus siervos y les encargó sus bienes. A uno dio cinco talentos, a otro dos y a otro uno, a cada uno según su capacidad; y enseguida se fue de viaje"* (Mateo 25:14-15, 20-30, NKJV)

En esta parábola, el señor representa a Dios, y los siervos somos nosotros. Dios nos confía recursos: habilidades, conocimientos, oportunidades, relaciones y negocios. Lo que hacemos con lo que Él nos da determina si viviremos multiplicación o estancamiento.

- El siervo que recibió cinco talentos los duplicó y fue recompensado.

- El que recibió dos talentos también los duplicó y recibió la misma recompensa.

- El que recibió un talento no hizo nada; por miedo lo enterró, y el señor lo reprendió y lo echó fuera.

El señor respondió a los dos primeros con estas poderosas palabras:

"Bien, buen siervo y fiel; sobre poco has sido fiel, sobre mucho te pondré; entra en el gozo de tu señor." (Mateo 25:21, NKJV)

La multiplicación es el resultado de la fidelidad. Si eres fiel con lo que tienes ahora, Dios lo hará crecer. Si eres descuidado, temeroso o te quedas estancado, permanecerás en el mismo lugar. El siervo que enterró su talento tenía la mentalidad equivocada. Se enfocó en el miedo, no en la fe. Vio al señor como un hombre duro, no como uno generoso. Muchos emprendedores no logran multiplicarse porque tienen miedo de avanzar, de arriesgarse o de invertir en lo que Dios les ha dado. El miedo lleva al estancamiento, pero la fe lleva al crecimiento. ¡La expectativa de Dios es clara! No quiere que simplemente mantengamos lo que tenemos; quiere que lo multipliquemos.

La Riqueza Se Crea Al Servir A Más Personas

En el capítulo anterior, descubrimos un principio poderoso del Reino: la riqueza sigue al servicio. Aprendimos que el verdadero éxito no viene de perseguir el dinero, sino de aportar valor a los demás. Ahora vamos a profundizar aún más, entendiendo que servir a más personas es la clave de la multiplicación.

Muchos emprendedores creen que, para ganar más dinero, deben subir precios, ofrecer más productos o trabajar más duro. Aunque esas estrategias pueden ser útiles, la forma más simple y sostenible de aumentar tu riqueza es sirviendo a más personas. Toda empresa exitosa, grande o pequeña, prospera porque satisface una necesidad a gran escala. Cuantas más personas impactes, mayor será tu crecimiento.

Jesús vivió este principio en su ministerio. Nunca buscó acumular riquezas, pero su influencia creció exponencialmente porque sirvió constantemente a las multitudes. Alimentó a cinco mil con cinco panes y dos peces (Mateo 14:17-21). Sanó a todos los que acudían a Él (Mateo 8:16). Enseñó a multitudes tan grandes que ni los discípulos podían contarlas. Nunca se enfocó en autopromocionarse, sin embargo, su nombre es el más conocido de la historia.

Si quieres que tu negocio crezca, la pregunta clave no es *"¿cómo puedo ganar más dinero?"*, sino *"¿cómo puedo servir mejor a más personas?"*

El Poder De Escalar El Servicio

Un negocio que sirve a diez personas tiene un impacto limitado. Uno que sirve a mil, incrementa sus ingresos, su alcance y su influencia. Escalar no se trata solo de trabajar más, sino de aumentar tu capacidad para ayudar a los demás.

Las empresas que más rápido han crecido en el mundo funcionan bajo este principio. No solo resuelven problemas, sino que lo hacen para millones. Una empresa que da zapatos a diez personas nunca tendrá el mismo impacto que una que los da a diez mil. Un coach que guía a cinco clientes no tendrá el mismo alcance que uno que entrena a quinientos.

Para los emprendedores del Reino, esto no es solo una estrategia comercial; es un encargo divino. Dios bendice a quienes hacen de servir bien a su pueblo su misión principal. Proverbios 11:25 lo deja claro: *"El alma generosa será prosperada; y el que saciare, él también será saciado."* (NKJV). Si te dedicas a bendecir a otros, Dios se encargará de llenarte a ti también.

La Multiplicación Sucede Con Sistemas Y Estructura

Uno de los errores más comunes de los emprendedores es querer hacerlo todo solos. Un negocio que depende completamente de una sola persona no puede multiplicarse. Si eres el único que presta el servicio, toma decisiones o habla con los clientes, tu crecimiento estará limitado por tu capacidad personal.

Para escalar de verdad tu impacto, necesitas crear sistemas que te permitan servir a más personas sin perder calidad. Jesús mismo lo demostró al enviar a los setenta discípulos a ministrar (Lucas 10:1). No intentó hacerlo todo solo, sino que capacitó a otros para continuar con la misión.

Esto implica construir una estructura que permita crecer. Ya sea contratando un equipo, automatizando procesos o creando métodos replicables, el objetivo es servir a más personas sin agotarte. Los mejores líderes no solo lideran, también preparan a otros para liderar, asegurando que su influencia y su impacto sigan creciendo.

Cuanto Más Sirves, Más Recibes

Lucas 6:38 nos presenta una verdad simple pero poderosa: *"Dad, y se os dará; medida buena, apretada, remecida y rebosando darán en vuestro regazo."* (NKJV).

Este principio no solo aplica a las finanzas, también a los negocios. Cuanto más valor aportes, más oportunidades, influencia y provisión llegarán a ti. Los emprendedores que se obsesionan con ganar dinero muchas veces se estancan porque se enfocan en recibir en vez de dar. En cambio, quienes se enfocan en servir, descubren que la riqueza los empieza a seguir naturalmente.

Cuando entiendes esto, dejas de perseguir el éxito y comienzas a atraerlo. Dejas de ver los negocios como simples transacciones y los ves como una misión. Una vez escuché a un hombre sabio decir: "Te das cuenta de que el dinero es simplemente un reflejo de cuántas personas has ayudado."

Expandir Tu Impacto Comienza Ahora

Si de verdad estás comprometido con la multiplicación, pregúntate:

- ¿Cómo puedo estructurar mi negocio para servir a más personas?

- ¿Qué sistemas puedo implementar para ampliar mi alcance?

- ¿A quién puedo capacitar o empoderar para que me ayude a llevar la visión más lejos?

- ¿Cómo puedo asegurarme de que la calidad de mi servicio se mantenga aunque el negocio crezca?

Estas preguntas marcarán la diferencia entre quedarte donde estás o avanzar hacia un aumento sobrenatural. La multiplicación no está reservada para unos pocos privilegiados; es una promesa para quienes administran bien lo que tienen y están dispuestos a servir a un nivel más alto. Lo que hagas ahora determinará tu crecimiento. ¿Te quedarás pequeño, o te atreverás a ampliar tu capacidad para servir y confiar en que Dios traerá el aumento?

Los Mejores Líderes Empoderan A Otros Para Liderar

Una de las claves para multiplicar es aprender a delegar y a formar a otros como líderes. Muchos emprendedores se estancan porque intentan hacerlo todo ellos mismos. Les cuesta confiar en otros por miedo a que nadie haga el trabajo tan bien como ellos. Pero esa mentalidad crea cuellos de botella y frena el crecimiento.

Moisés pasó por esto cuando guiaba al pueblo de Israel. Trataba de resolver cada conflicto y tomar todas las decisiones él solo, hasta que su suegro, Jetro, le dio un consejo sabio:

"Acabarás agotado tú y toda esta gente que está contigo, pues la tarea es demasiado pesada para ti; no puedes hacerla tú solo." (Éxodo 18:18, NKJV)

Jetro le recomendó nombrar líderes capaces que lo ayudaran a llevar la carga, para que él pudiera enfocarse en lo que solo él debía hacer. ¿El resultado? Un pueblo que funcionaba mejor y un liderazgo que se multiplicaba. Los mejores líderes no son los que lo controlan todo, sino los que empoderan a otros para liderar.

Jesús también aplicó este principio. No intentó hacerlo todo solo; formó a sus discípulos para que continuaran su misión. Les dio autoridad, los preparó y los envió. La multiplicación sucede cuando los líderes levantan a nuevos líderes.

Si quieres hacer crecer tu negocio, necesitas:

1. **Formar y guiar a otros** – Enséñales a trabajar con excelencia e integridad.

2. **Delegar con sabiduría** – Enfócate en lo que solo tú puedes hacer y reparte el resto.

3. Crear una cultura de liderazgo – Anima a tu equipo a pensar en grande y a asumir responsabilidades más allá de tareas básicas.

Un negocio que depende de una sola persona nunca se multiplicará. Pero uno que forma líderes puede crecer sin límites.

El Camino De Una Madre Soltera En Los Negocios

Kim tenía todos los motivos para dudar. Como madre soltera con dos hijos pequeños, emprender parecía un sueño imposible. No tenía ahorros, ni inversores con dinero, ni garantía de que su negocio funcionaría. Pero sí tenía una convicción profunda de que Dios la había llamado a algo más grande, y una fe firme de que, si servía con excelencia, Él se encargaría del resto.

Su negocio era sencillo: consultoría y formación para pequeñas empresas que querían mejorar sus operaciones. Tenía las habilidades, la pasión y el corazón para ayudar, pero no tenía clientes. Nadie conocía su nombre y no podía pagar campañas de marketing costosas. En vez de enfocarse en lo que no tenía, se apoyó en lo que sí podía ofrecer. En lugar de obsesionarse con las ventas, decidió servir.

Se acercó a dueños de negocios locales y les ofreció talleres gratuitos para capacitar a sus equipos. Regalaba estrategias y recursos sin pedir nada a cambio. Algunos la tildaban de loca: "¡Tienes que cobrar por eso!", le decían. Pero a Kim no le interesaba una ganancia inmediata. Su prioridad era aportar valor primero y confiar en que Dios multiplicaría su esfuerzo.

Los días pasaron, luego las semanas. Aunque trabajaba sin descanso, aún no veía resultados económicos. Las cuentas se acumulaban y el miedo la rondaba. Pero eligió la fe por encima del temor. Se aferró a Gálatas 6:9: *"No nos cansemos, pues, de hacer bien; porque a su tiempo segaremos, si no desmayamos."* (NKJV).

Siguió sirviendo, incluso cuando todo parecía ir en contra. Oraba por cada negocio al que ayudaba, pidiendo que Dios los bendijera, aun antes de bendecirla a ella. Daba su tiempo, su talento y sus conocimientos, sembrando en otros mientras esperaba con fe su cosecha. Y finalmente, llegó el momento de la recompensa.

Uno de los negocios que había atendido sin cobrar vio mejoras impresionantes. El dueño, agradecido, la recomendó a otra empresa, esta vez como clienta paga. Ese cliente la refirió a tres más. En pocos meses, la demanda por sus servicios se disparó. La gente la buscaba, no por publicidad llamativa, sino por el impacto real que había dejado.

Pronto pudo establecer sus tarifas, contratar un pequeño equipo y ampliar su alcance. Su negocio prosperó, no porque persiguiera el dinero, sino porque decidió servir primero. Cada semilla que sembró regresó multiplicada, mucho más de lo que había imaginado.

Una noche, al acostar a sus hijos, se arrodilló a su lado y susurró una oración de gratitud: *"Señor, Tú eres fiel. Lo hiciste a Tu manera, no a la mía."*

Kim había vivido la ley de la multiplicación. Confió en los principios del Reino en lugar de los métodos del mundo. Dio cuando no tenía nada, y Dios transformó su fe en una cosecha abundante. Su historia ya no era solo de negocios, sino un testimonio de lo que pasa cuando decides servir, confiar y nunca rendirte. No solo construyó un negocio. ¡Construyó un legado!

Biblical Principles of The Law of Multiplication

1. **La fidelidad trae aumento** – *"Sobre poco has sido fiel, sobre mucho te pondré."* (Mateo 25:21, NKJV)

    o Cuando administras bien lo que Dios te ha dado, Él lo multiplica.

2. **El miedo impide la multiplicación** – *"Y tuve miedo, y fui y escondí tu talento en la tierra"* (Mateo 25:25, NKJV)

o El temor a actuar te mantiene estancado.

3. **La riqueza sigue al servicio** – *"Dad, y se os dará"* (Lucas 6:38, NKJV)

   o Cuantas más personas sirvas, mayor será tu impacto y crecimiento financiero.

4. **Empoderar a otros multiplica el éxito** – *"Acabarás del todo desfallecido, tú, y también este pueblo que está contigo"* (Éxodo 18:18, NKJV)

   o Para hacer crecer tu negocio, necesitas formar y levantar a otros.

Cómo aplicar estos principios

- Sé fiel en lo poco. Administra con excelencia lo que tienes, y Dios te confiará más.

- No dejes que el miedo te detenga. Si te paralizas por temor, nunca avanzarás ni verás fruto.

- Sirve con propósito. Mientras más valor aportes a otros, más bendición fluye de regreso a ti.

- Forma líderes. Cuando levantas a otros para liderar contigo, tu capacidad y tu influencia se multiplican.

Hacer crecer tu negocio a la manera de Dios no se trata de agotarte con más esfuerzo, sino de alinearte con Sus principios. La multiplicación no es el resultado de luchar sin parar, sino una consecuencia natural de la fidelidad. Cuando administras bien lo que tienes, sirves con excelencia y empoderas a otros, la expansión llega por añadidura. Lo que tienes hoy en tus manos es solo el comienzo. Dios es un Dios de aumento, y cuando confías en Él como tu fuente —y no en tus propias fuerzas—, Él trae una multiplicación sobrenatural que va mucho más allá de lo que podrías lograr por ti mismo. La cosecha siempre es más grande que la semilla, pero solo si la semilla se siembra.

Este es el momento de dar el paso con fe. ¿Seguirás confiando solo en tus fuerzas, o te atreverás a vivir según la ley de la multiplicación y ver a Dios obrar? El próximo capítulo lleva este concepto aún más lejos: no se trata solo de lo que logras, sino de a quiénes lideras. Prepárate para entrar en un liderazgo que transforma vidas y deja una huella que va más allá del dinero. Vamos adelante.

Parte 3

LIDERAZGO E INFLUENCIA

El liderazgo es más que un título. Es más que autoridad, posición o reconocimiento. El verdadero liderazgo, el que transforma vidas y deja un impacto duradero, consiste en servir, capacitar e influir en los demás para la gloria de Dios.

El mundo suele definir el liderazgo como poder, control y dominio sobre los demás. Enseña que sólo los más fuertes, los más ruidosos y los más despiadados llegan a la cima. Sin embargo, en el Reino de Dios, el liderazgo es todo lo contrario. Los verdaderos líderes no buscan ser servidos, sino que eligen servir. No exigen lealtad, sino que la inspiran. No persiguen la grandeza, se humillan y Dios los eleva.

Jesús, el mayor líder de todos los tiempos, fue un modelo perfecto. Lideró con amor, sabiduría y un propósito inquebrantable. Influyó en las naciones sin utilizar la fuerza, guió a sus discípulos con paciencia y cambió el curso de la historia entregando su propia vida por los demás. Su liderazgo no tenía que ver con la autopromoción, sino con capacitar a los demás para que respondieran a su vocación divina.

Esta sección desafiará todo lo que el mundo le ha enseñado sobre el liderazgo. Aprenderás:

- **Cómo liderar de una manera que glorifique a Dios,** con integridad, sabiduría y fe.

- **El poder de la influencia:** el liderazgo no es cuestión de control, sino de impacto.

- **Cómo capacitar a otros para liderar,** porque la multiplicación no ocurre cuando lo haces todo tú mismo; ocurre cuando equipas a otros para que se eleven.

Si quieres llevar tu negocio al siguiente nivel, llegar a más personas y construir algo que perdure en el tiempo, necesitas aprender a liderar según los principios de Dios. La verdadera influencia no se mide solo por lo que consigues, sino por lo que dejas como legado. ¿Estás listo para liderar de una forma que transforme vidas? Los principios que vienen a continuación no solo impulsarán tu negocio, también elevarán tu vida. Empecemos con fuerza.

7

LIDERAZGO QUE GLORIFICA A DIOS

El liderazgo en el Reino de Dios es radicalmente diferente del liderazgo en el mundo. Mientras que el mundo define el liderazgo como poder, control y dominio, el liderazgo en el Reino tiene que ver con el servicio, la humildad y la influencia. El mundo eleva a los que mandan y exigen, mientras que Dios exalta a los que sirven y dan poder.

Jesús mismo dio la definición más clara del verdadero liderazgo cuando dijo a sus discípulos:

"Pero no será así entre vosotros, sino que el que quiera hacerse grande entre vosotros, que sea vuestro servidor. Y el que quiera ser el primero entre vosotros, que sea vuestro esclavo; como el Hijo del hombre no ha venido a ser servido, sino a servir y a dar su vida en rescate por muchos." (Mateo 20: 26-28)

Liderazgo De Servicio Frente A Liderazgo Autoritario

El liderazgo según el mundo se apoya en la posición. Funciona como una pirámide, donde los de arriba mandan y los de abajo obedecen. Muchas veces se sostiene con miedo, manipulación o presión, y su prioridad suele ser el beneficio personal. El poder importa más que las personas, y el enfoque está en cuántos los sirven, en lugar de cómo pueden servir ellos.

En contraste, el liderazgo del Reino se basa en la responsabilidad. Se edifica sobre la humildad, reconociendo que toda autoridad proviene de Dios y debe usarse para levantar, cuidar y desarrollar a otros. Los verdaderos líderes no ven a las personas como medios para alcanzar el éxito, sino como su propósito principal. No lideran con control, sino con influencia, sabiduría y amor.

Jesús es el mejor ejemplo de este tipo de liderazgo. Aunque tenía toda la autoridad, eligió lavar los pies de sus discípulos (Juan 13:12-15). No vino a ser servido, sino a servir. Enseñó con su vida. En lugar de imponer, inspiró. En vez de dominar, transformó con amor y verdad.

Pablo reforzó este principio cuando escribió

"Nada hagáis por ambición egoísta o por vanagloria; antes bien, con humildad, estimando cada uno a los demás como superiores a él mismo. Que cada uno de vosotros vele no sólo por sus propios intereses, sino también por los intereses de los demás." (Filipenses 2:3-4, NKJV)

Esta es la diferencia: Los líderes del mundo buscan ser servidos. Los líderes de Dios buscan servir a los demás.

Uno de mis líderes favoritos, John C. Maxwell afirma: *"El liderazgo es influencia, ni más ni menos"*. El verdadero liderazgo no se trata de un título; se trata de la capacidad de impactar e inspirar a otros. Una persona no necesita una posición para ser un líder, necesita carácter, visión y un corazón para servir.

La Biblia nos muestra sistemáticamente que el liderazgo no viene determinado por el estatus, sino por la influencia y la fidelidad.

- **José** no tenía ningún título oficial en la casa de Potifar, pero llegó a ser el hombre de más confianza en la casa de su amo por su integridad y sabiduría (Génesis 39:2-6).

- **Daniel** no tenía derecho al liderazgo en Babilonia, pero su excelencia y devoción a Dios le permitieron influir en los reyes (Daniel 6).

- **David** era un pastorcillo desconocido, pero su corazón por Dios le convirtió en el rey más grande que jamás haya tenido Israel (1 Samuel 16:7).

La gente no sigue a los líderes por su título, sino por lo que son. La influencia se gana a través de la confianza, la sabiduría y el servicio. Los que lideran como Jesús atraerán naturalmente a los demás, no por la fuerza, sino por el innegable impacto de sus vidas.

La influencia de Jesús era tan fuerte que la gente lo dejaba todo para seguirle. Él nunca manipuló, nunca forzó, nunca coaccionó, sin embargo miles le siguieron porque su liderazgo dio vida, propósito y transformación a sus vidas.

Convertirse En Un Líder Que Merezca La Pena Seguir

Otro de mis líderes favoritos, Craig Groeschel enseña que "La gente suele preferir seguir a un líder que muestra autenticidad y vulnerabilidad a uno que siempre se muestra seguro y tiene la razón". Muchos líderes hoy en día persiguen la perfección, tratando de parecer impecables y siempre en control. Los líderes del Reino, sin embargo, lideran desde la autenticidad, la humildad y la dependencia de Dios.

Un líder al que vale la pena seguir es:

1. **Humilde, no orgulloso** - *"Dios resiste a los soberbios, pero da gracia a los humildes"*. (Santiago 4:6, NKJV)

    o La arrogancia repele a la gente y también a Dios; la humildad la atrae.

2. **Confiable, no engañoso** - *"Además se requiere en los administradores que uno sea hallado fiel"*. (1 Corintios 4:2, NKJV)

    o Un líder en el que no se puede confiar acabará perdiendo su influencia.

3. **Centrados en las personas, no en el poder** - *"Pastoread el rebaño de Dios que está entre vosotros, sirviendo como supervisores, no por obligación sino voluntariamente, no*

por ganancia deshonesta sino con entusiasmo." (1 Pedro 5:2, NKJV)

- o El papel principal de un líder es **desarrollar a los demás**, no utilizarlos.

4. **Seguro, no amenazado por el éxito de los demás** - *"El don de un hombre le hace sitio, y le lleva ante los grandes".* (Romanos 12: 15)

- o Un líder fuerte celebra el éxito de los demás y los eleva.

5. **Un siervo, no un dictador** - *"Pero el que es el mayor entre vosotros será vuestro siervo".* (Mateo 23:11, NKJV)

- o Un verdadero líder **dirige sirviendo primero.**

Liderazgo Del Reino Vs. Liderazgo Mundano En La Actualidad

Fíjate en el liderazgo mundial de hoy. Muchas personas con autoridad exigen reconocimiento, pero su carácter no merece respeto. Hacen promesas pero carecen de integridad. Buscan el poder pero no sirven. Desean seguidores, pero pocos les siguen de corazón.

Ahora compara esto con la forma en que Jesús dirigió. Él no exigió un trono; Él llevó una cruz. No gobernó con miedo, sino con amor. No buscaba seguidores, sino discípulos. El liderazgo del Reino no se trata de cuántos te sirven, sino de a cuántos sirves tú. No se trata de construir tu propio nombre; se trata de construir el Reino de Dios. No se trata de mandar; se trata de influir a través de la sabiduría, el amor y la verdad.

El Liderazgo Que Construyó O Quebró Una Empresa

Ethan y Pablo lanzaron sendas empresas tecnológicas el mismo año y en la misma ciudad, con una financiación casi idéntica. Ambos tenían ideas innovadoras, equipos con talento y ansias de éxito. Sin embargo, la forma en que dirigían sus empresas determinaría su destino.

Uno construiría un legado duradero, mientras que el otro vería cómo todo se desmoronaba.

Pablo: El CEO Mundano

Pablo tenía un objetivo: dominar el mercado y construir un imperio. Desde el primer día, dejó claro que su empresa consistía en ganar a toda costa. Su liderazgo se basaba en la autoridad, el miedo y el interés propio. Lo microgestionaba todo, convencido de que nadie podía hacer el trabajo tan bien como él. Esperaba que sus empleados trabajaran las veinticuatro horas del día, llevándoles al límite sin preocuparse por su bienestar. Los ascensos eran escasos y, cuando se producían, se basaban en el favoritismo, no en el mérito.

Al hacer negocios, Pablo se centraba únicamente en los márgenes de beneficio y el poder. Recortaba gastos, prometía demasiado a sus clientes y pagaba mal a sus empleados. Se convenció a sí mismo de que así funcionaba el liderazgo: "Si no controlas a la gente, te pasará por encima". Pablo prosperó a corto plazo. Los inversores quedaron impresionados por el agresivo crecimiento de la empresa. Los beneficios se dispararon. Los empleados toleraban la cultura tóxica por el sueldo. Mientras tanto, bajo la superficie, todo se desmoronaba.

Los empleados estaban agotados y resentidos. La reputación de la empresa se resintió cuando los clientes empezaron a notar la falta de integridad en el liderazgo de Santiago. La innovación se estancó porque nadie se sentía seguro compartiendo nuevas ideas. La gente temía cometer errores más que tener éxito.

La Biblia advierte contra este tipo de liderazgo:

"El gobernante que carece de entendimiento es un gran opresor, pero el que odia la codicia prolongará sus días". (Proverbios 28:16, NKJV)

Pablo había creado una empresa, pero no había generado confianza, lealtad o influencia tratando de comprender las necesidades y los deseos de sus empleados.

Ethan El Director General del Reino

Ethan tenía un enfoque diferente. No sólo quería construir una empresa, quería construir personas, relaciones y una cultura que glorificara a Dios. Su modelo de liderazgo se basaba en servir primero a los demás. Desde el primer día, dejó claro que su negocio no consistía sólo en ganar dinero, sino en resolver problemas, añadir valor y servir bien tanto a sus clientes como a sus empleados. Ethan siguió el modelo de liderazgo de Jesús:

"Pero el que sea el mayor entre vosotros será vuestro servidor". (Mateo 23: 11)

Trataba a sus empleados con dignidad, creando un entorno en el que se sentían valorados, escuchados y capacitados. En lugar de microgestionar, Ethan delegaba, confiaba y desarrollaba líderes dentro de su equipo. Celebraba reuniones periódicas en las que los empleados podían expresar sus ideas sin miedo. En lugar de limitarse a exigir resultados, invertía en el crecimiento de su gente.

En lugar de perseguir beneficios rápidos, Ethan se centró en generar confianza y ofrecer valor. Pagaba justamente a sus empleados, garantizaba prácticas empresariales éticas y anteponía las personas a los beneficios. Buscaba la sabiduría de Dios en cada decisión importante, negándose a comprometer la integridad por el beneficio económico.

"El alma generosa se enriquecerá, y el que riega también se regará a sí mismo". (Proverbios 11: 25)

La empresa de Ethan creció sin parar, no porque él la forzara, sino porque creó una cultura de confianza, colaboración y servicio. A los empleados les encantaba trabajar allí y su pasión impulsaba la innovación. Los clientes se fidelizaron porque sabían que trabajaban con una empresa que representaba algo más que dinero. Los inversores se fijaron no sólo en las cifras, sino en la visión a largo plazo. Ethan comprendió que el verdadero liderazgo es influencia. No exigía respeto, se lo ganaba. No controlaba a sus empleados, sino que les daba poder. No perseguía la riqueza; servía a la gente, y la riqueza le seguía.

Dos líderes, dos resultados

Al cabo de cinco años, la diferencia era innegable. La empresa de Pablo se hundió por su propio peso. Los empleados clave se marcharon, llevándose consigo sus conocimientos y experiencia. Sus inversores se retiraron al ver el deterioro de la moral y la reputación de la empresa. La que fuera una empresa próspera se desmoronó porque se había construido sobre el miedo, la codicia y el control.

Sin embargo, la empresa de Ethan prosperó y se expandió. Sus empleados estaban profundamente comprometidos con la misión. Sus clientes corrieron la voz, haciendo crecer el negocio sin necesidad de tácticas de venta agresivas. No se limitó a crear una empresa de éxito, sino que construyó un legado duradero de integridad, servicio e impacto en el Reino.

El liderazgo de Pablo tenía poder, pero no influencia, por lo que murió y no llegó a ninguna parte.

El liderazgo de Ethan tuvo influencia, y Dios la multiplicó, convirtiéndola en un legado duradero.

El liderazgo no tiene que ver con cuántas personas trabajan para ti; tiene que ver con a cuántas personas sirves. El mundo enseña que el liderazgo se trata de control, dominio y ganancia personal. El Reino de Dios enseña que el verdadero liderazgo tiene que ver con la humildad, el servicio y el empoderamiento de los demás.

"El que quiera hacerse grande entre vosotros, que sea vuestro servidor. Y el que quiera ser el primero entre vosotros, que sea vuestro

esclavo; como el Hijo del hombre no ha venido a ser servido, sino a servir y a dar su vida en rescate por muchos. " (Mateo 20: 26-28)

Si quieres dirigir de forma que glorifiques a Dios, pregúntate:

- ¿Dirijo con servicio o con control?

- ¿Inspiro a la lealtad o impongo el cumplimiento?

- ¿Estoy construyendo personas o sólo beneficios?

- ¿Permito que otros dirijan, o acaparo todo el poder?

Los grandes líderes no son los que tienen más autoridad, sino los que tienen más influencia. La verdadera influencia proviene de un corazón que sirve.

¿Qué tipo de líder elegirás ser?

Principios bíblicos del liderazgo que glorifica a Dios

1. **El mayor líder es el mayor servidor -** *"El que quiera hacerse grande entre vosotros, que sea vuestro servidor".* (Mateo 20:26, NKJV)

   o El liderazgo consiste en elevar a los demás mediante el servicio, no en gobernarlos.

2. **El liderazgo tiene que ver con la influencia, no con la posición -** *"El don de un hombre le hace lugar, y lo lleva ante grandes hombres".* (Proverbios 18:16, NKJV)

   o No se necesita un título para liderar: se necesita sabiduría, integridad y servicio.

3. **La humildad lleva a la promoción -** *"Humillaos ante el Señor, y él os exaltará".* (Santiago 4:10, NKJV)

   o Dios promueve a los que sirven con humildad.

4. **Los verdaderos líderes desarrollan a otros -** *"Y lo que has oído de mí ante muchos testigos, esto encarga a hombres fieles*

que sean idóneos para enseñar también a otros. " (2 Timoteo 2:2, NKJV)

   o El liderazgo consiste en **suscitar más líderes.**

5. **El liderazgo piadoso trae honor y estabilidad** - *"Cuando el justo está en autoridad, el pueblo se regocija; pero cuando gobierna un malvado, el pueblo gime. "* (Proverbios 29:2, NKJV)

   o El mundo necesita líderes justos que dirijan con integridad.

Cómo aplicar estos principios:

- Lidera a través del servicio, no del estatus. Elige servir primero a los demás, reflejando el corazón de Cristo en todo lo que haces.

- La influencia es mayor que un título. Deja que tu integridad y tu ejemplo hablen más alto que cualquier cargo.

- Camina en humildad y deja que Dios te eleve. Permanece humilde ante Dios, y Él te elevará en Su tiempo perfecto.

- Desarrollar a las personas, no sólo los beneficios. Invierta en los demás equipándolos y capacitándolos para crecer y liderar.

- Dirige con rectitud e integridad. Construye una base de confianza haciendo lo correcto, aunque cueste.

Lo reconozcas o no, tu liderazgo influye en quienes te rodean, tus empleados, tus clientes, tu familia e incluso en quienes simplemente observan cómo te comportas. El liderazgo no es una cuestión de posición, sino de impacto. Cada decisión que tomas, cada conversación que mantienes y cada acción que emprendes están dando forma al tipo de líder en el que te estás convirtiendo.

La pregunta es, ¿estás liderando de una manera que glorifica a Dios? ¿Estás inspirando, sirviendo y empoderando a otros? ¿O estás liderando como lo hace el mundo, centrado en el control, el reconocimiento y la autopreservación?

A los grandes líderes no se les recuerda por el poder que tuvieron, sino por las vidas que transformaron. Tu liderazgo o construye algo que perdurará o algo que se desvanecerá. En el próximo capítulo, profundizaremos en lo que significa liderar con excelencia, integridad y sabiduría. Porque el liderazgo no se trata sólo de hoy, sino de crear un impacto que perdure durante generaciones. Si estás preparado para convertirte en el tipo de líder que la gente no sólo sigue, sino en un líder que les inspira, sigue leyendo. Llevemos este viaje a otro nivel.

8

INTEGRIDAD Y EXCELENCIA EN LOS NEGOCIOS

La integridad y la excelencia no son opcionales en el Reino de Dios, son fundamentales. Un negocio que carece de integridad puede tener éxito por una temporada, pero nunca experimentará prosperidad duradera. Un líder que no opera con un espíritu de excelencia puede ganar influencia temporalmente, pero con el tiempo, su carácter determinará su legado.

La Biblia lo deja claro en Proverbios 11:3, donde afirma:

"La integridad de los rectos los guiará, pero la perversidad de los infieles los destruirá". (NKJV)

Este versículo habla directamente de la forma en que conducimos los negocios, tomamos decisiones y dirigimos a los demás. La integridad no es sólo honestidad, sino vivir de acuerdo con los principios de Dios. Aquellos que caminan en integridad serán guiados por la sabiduría, la paz y el favor divino, mientras que aquellos que eligen el engaño y el compromiso serán finalmente deshechos por sus propias acciones.

¿Qué significa realmente Proverbios 11:3?

Este versículo presenta un contraste claro y poderoso entre dos tipos de personas:

1. **Los íntegros: aquellos que caminan con rectitud.** Son personas que toman decisiones basadas en la justicia, la verdad y el honor. Su camino es claro, porque no tienen nada

que ocultar ni temen ser descubiertos. Su integridad actúa como guía, manteniéndolos en una ruta que conduce a una prosperidad duradera.

2. **Los falsos: aquellos que actúan con engaño y deshonestidad.** Sus decisiones están motivadas por la codicia, la ambición egoísta o las ganas de tomar atajos. Tarde o temprano, su falta de integridad los llevará a la ruina, ya sea por una reputación manchada, la pérdida de confianza o incluso juicio divino.

En el mundo de los negocios, este principio se ve a diario. Los emprendedores que construyen sus empresas con base en la verdad, la justicia y prácticas éticas, experimentan estabilidad y dirección divina. En cambio, quienes hacen trampa, manipulan o persiguen el éxito a cualquier precio quizás logren avances temporales, pero la carga de su deshonestidad terminará por alcanzarlos. El mundo suele premiar el compromiso con el resultado, alentando a las personas a hacer lo que sea para salir adelante. Pero en el Reino de Dios las cosas no funcionan así. Dios no bendice solamente el esfuerzo; Él bendice la justicia.

Muchos creen que el éxito se mide por la riqueza. Si alguien tiene dinero, poder e influencia, el mundo lo llama exitoso. Pero las riquezas conseguidas sin integridad no son prosperidad verdadera; son pobreza espiritual. Cuando las ganancias económicas vienen a costa de la honestidad, la equidad y los principios de Dios, no traen paz, sino ansiedad. No generan seguridad, sino que abren la puerta al colapso.

La Biblia advierte de ello en Proverbios 13:11,

"La riqueza obtenida con deshonestidad disminuirá, pero el que recoge con trabajo aumentará". (NKJV)

La riqueza conseguida deshonestamente nunca dura. Las empresas que manipulan a los clientes, explotan a los trabajadores o se involucran en prácticas poco éticas pueden prosperar durante un tiempo, pero al final su corrupción les alcanza. Ya sea por las consecuencias legales, la pérdida de reputación o la caída personal, el dinero obtenido sin integridad acaba desapareciendo.

La verdadera prosperidad se basa en la confianza, la rectitud y la fidelidad a largo plazo. Dios desea que su pueblo prospere, pero no por compromiso. Él bendice a aquellos que lo honran en su trabajo, que sirven a los demás con integridad, y que permanecen fieles incluso cuando nadie está mirando.

La integridad es la base de la confianza

La confianza es la moneda de cambio de toda empresa y función directiva de éxito. La gente no sigue a líderes en los que no puede confiar. Los clientes no son fieles a las empresas que les engañan. Los empleados no darán lo mejor de sí mismos a una empresa que no cumple su palabra. La integridad es la base que hace que todo lo demás funcione. Sin ella, las empresas se desmoronan, el liderazgo fracasa y las relaciones se rompen.

Proverbios 22:1 subraya esta verdad:

"Hay que elegir el buen nombre antes que las grandes riquezas, el favor amoroso antes que la plata y el oro". (NKJV)

Puede que una empresa con integridad no siempre experimente el crecimiento más rápido, pero sí el más sostenible. Puede que un líder con integridad no siempre ascienda más rápido, pero permanecerá en pie durante más tiempo. La confianza no se construye en un día, pero puede destruirse en un instante. La integridad debe ser innegociable en todos los aspectos de la empresa.

El Factor Excelencia, por qué le diferencia de los demás

La integridad garantiza que lo que construyas dure, pero la excelencia determina el nivel de impacto que tendrás. Dios llama a su pueblo a un nivel más alto en todo lo que hacen. La mediocridad no refleja Su naturaleza. Él es un Dios de orden, sabiduría y excelencia.

Colosenses 3:23 dice:

"Y todo lo que hagáis, hacedlo de corazón, como para el Señor y no para los hombres". (NKJV)

Esto significa que cada acción, cada producto, cada servicio y cada decisión deben realizarse con excelencia, como una ofrenda a Dios.

Empresas que operan con excelencia:

- Presta atención a los detalles y realiza un trabajo de alta calidad.

- Atender a los clientes con esmero y diligencia.

- Buscar constantemente el crecimiento, la mejora y la innovación.

- Dirija a sus empleados con honor, sabiduría y respeto.

La excelencia no consiste en la perfección, sino en la coherencia y la intencionalidad. Quienes se comprometen con la excelencia atraen oportunidades, clientes y el favor divino.

Proverbios 22:29 refuerza esta idea:

"¿Ves a un hombre que sobresale en su trabajo? Se presentará ante reyes; no se presentará ante desconocidos". (NKJV)

La excelencia eleva a las personas a puestos de influencia. Siempre habrá demanda de quienes se comprometan a ir más allá.

Un negocio construido para ser duradero

Logan siempre había soñado con dirigir su propia empresa de construcción. Tras años de trabajar con distintos contratistas, había visto la forma correcta y la forma incorrecta de crear una empresa. Algunos propietarios hacían recortes, utilizaban materiales de baja calidad y cobraban de más a los clientes mientras realizaban un trabajo mediocre. Otros estaban obsesionados con la perfección y retrasaban constantemente los proyectos porque nada parecía "suficientemente bueno". Logan sabía que tenía que haber una manera mejor. Una forma que honrara tanto a las personas como a Dios.

Cuando finalmente lanzó su propia empresa, True Foundations Construction, se comprometió a que cada proyecto se construiría con integridad y cada trabajo se realizaría con excelencia.

Su negocio despegó rápidamente. Se corrió la voz de que la empresa de Logan era diferente, no apresuraba los trabajos para pasar al siguiente sueldo y se negaba a engañar a los clientes con costes ocultos o materiales baratos. Contratistas y competidores se dieron cuenta, y no todos quedaron satisfechos.

Un día, un empresario de alto nivel se acercó a Logan con un contrato enorme que podría triplicar los ingresos de su empresa. Era el tipo de acuerdo que podría poner a True Foundations Construction en el mapa. ¿El único problema? El empresario quería que Logan utilizara materiales más baratos y cobrara al cliente por los de alta calidad.

"Todo el mundo lo hace", dijo el empresario con una sonrisa de satisfacción. "Nunca notarán la diferencia. Es sólo cuestión de negocios".

Logan sintió el peso de la decisión. Si aceptaba, ganaría más dinero en una sola operación que en los dos últimos años. Sus empleados recibirían mayores primas, su empresa podría expandirse y, por fin, podría mejorar su equipo.

Sin embargo, algo en su interior vacilaba. Recordó Proverbios 11:3,

"La integridad de los rectos los guiará, pero la perversidad de los infieles los destruirá". (NKJV)

Logan había construido su negocio sobre la base de la honestidad, y sabía que en el momento en que comprometiera sus valores, todo por lo que había trabajado perdería su fundamento. "Te agradezco la oportunidad," dijo Logan, mirando al empresario a los ojos, "pero yo no hago negocios de esa manera. Yo construyo con integridad, y eso significa cumplir lo que prometo, sin excepciones."

El empresario se encogió de hombros. "Como quieras. Hay muchas otras compañías que sí aceptarán este trato." Logan se marchó, consciente de que acababa de rechazar un contrato que podría haber cambiado su vida. La duda comenzó a rondarlo... ¿habría cometido un error? ¿Podría seguir manteniendo su empresa sin recurrir a atajos?

Semanas después, recibió una llamada. Un nuevo cliente había escuchado sobre el compromiso de Logan con la calidad y la integridad. Era dueño de varias propiedades y buscaba un contratista en quien pudiera confiar para proyectos a largo plazo. El contrato era el doble de grande que el que Logan había rechazado.

La integridad lo había guiado, y Dios multiplicó su fidelidad.

La empresa de Logan siguió creciendo, no solo por su integridad, sino por su compromiso con la excelencia. A diferencia de los perfeccionistas, que retrasan proyectos y no lanzan nada a menos que esté impecable, Logan entendía que la excelencia consiste en dar lo mejor con lo que se tiene, no en obsesionarse con estándares imposibles.

Logan enseñó a sus empleados a sentirse orgullosos de su trabajo, sin miedo a equivocarse. Si cometían errores, los corregían y seguían adelante, en lugar de quedarse paralizados por el perfeccionismo. Su empresa se hizo conocida por entregar trabajos de alta calidad, a tiempo y con integridad.

Proverbios 22:29 se cumplió en su vida:

"¿Ves a un hombre que sobresale en su trabajo? Estará al servicio de reyes; no servirá a gente sin importancia". (NKJV)

Con el tiempo, True Foundations Construction se convirtió en una de las firmas más confiables de la región. No fue por tener más dinero, más empleados o una campaña publicitaria llamativa, sino porque Logan había edificado su empresa sobre los pilares de la integridad y la excelencia.

La integridad no es solo decir la verdad; es vivir de una forma que honre a Dios en cada decisión. La excelencia no es ser perfecto; es dar lo mejor de ti de manera constante. Los emprendedores que abrazan estos principios construirán negocios que no solo prosperan financieramente, sino que dejan un legado de confianza, impacto y propósito en el Reino.

La pregunta es: ¿sobre qué tipo de fundamento estás construyendo tu negocio? El compromiso puede traer éxito momentáneo, pero la integridad y la excelencia crean una prosperidad que perdura.

Elige bien. El futuro de tu negocio depende de eso.

Principios bíblicos de integridad y excelencia en los negocios

1. **La integridad conduce a la estabilidad y a la guía divina.** - *"La integridad de los rectos los guiará, pero la perversidad de los infieles los destruirá".* (Proverbios 11:3, NKJV)

   o Las decisiones justas aportan **claridad, sabiduría y sostenibilidad.**

2. **La riqueza obtenida sin integridad no perdurará.** - *"Las riquezas ganadas con deshonestidad disminuirán, pero el que las reúne con trabajo aumentarán".* (Proverbios 13:11)

   o Las finanzas sin integridad conducen a la pérdida, la ansiedad y la destrucción.

3. **El buen nombre vale más que las riquezas.** - *Hay que elegir el buen nombre antes que las grandes riquezas, el*

favor amoroso antes que la plata y el oro". (Proverbios 22:1, NKJV)

o La confianza y la reputación son activos de valor incalculable en el liderazgo.

4. **La excelencia abre las puertas a una mayor influencia.** - *"¿Ves a un hombre que sobresale en su trabajo? Estará al servicio de reyes; no servirá a gente sin importancia".* (Proverbios 22: 29)

o Quienes persigan la excelencia serán reconocidos y promocionados.

5. **Todo debe hacerse con excelencia para Dios.** - *"Y todo lo que hagáis, hacedlo de corazón, como para el Señor y no para los hombres".* (Colosenses 3: 23)

o La excelencia no busca la aprobación humana, sino el impacto en el Reino.

Cómo aplicar estos principios:

• La integridad trae estabilidad y dirección divina. Toma decisiones justas que estén alineadas con la sabiduría de Dios para lograr un éxito duradero.

• La riqueza obtenida sin integridad no perdura. Construye tu negocio con honestidad, sabiendo que los atajos solo generan inestabilidad.

• Un buen nombre vale más que las riquezas. Da prioridad a la confianza, la credibilidad y la reputación por encima del beneficio económico.

• La excelencia abre puertas a una mayor influencia. Comprométete con altos estándares en tu trabajo y verás cómo Dios te eleva.

- Todo debe hacerse con excelencia para Dios. Trabaja con esmero y propósito, sabiendo que, en última instancia, estás sirviendo al Señor.

La manera en que diriges tu negocio y lideras a otros refleja directamente tu fe. Si comprometes la integridad, tu base será débil. Si descuidas la excelencia, tu influencia será limitada. Dios te está llamando a construir algo que perdure, no solo en esta vida, sino también con valor eterno.

¿Estás liderando con integridad? ¿Estás buscando la excelencia en todo lo que haces? El mundo puede conformarse con atajos y compromisos, pero en el Reino, el verdadero éxito se construye sobre el carácter, la constancia y el compromiso con la rectitud.

En el próximo capítulo profundizaremos aún más, explorando cómo establecer una cultura empresarial centrada en el Reino que transforme industrias, impacte comunidades y honre a Dios. Si estás listo para crear un negocio que no solo prospere, sino que deje un legado de justicia, sigue leyendo. Aquí es donde comienza el verdadero impacto.

9

FINANZAS CON FIDELIDAD - ADMINISTRACIÓN BÍBLICA DEL DINERO

El dinero no es malo. El dinero es una herramienta. La manera en que lo manejamos determina si será una bendición o una carga, un recurso para generar impacto o un obstáculo que nos lleve a la ruina. Muchos creyentes enfrentan dificultades económicas, no porque Dios no haya provisto, sino porque no han sido administradores fieles de lo que ya tienen en sus manos. Ser fieles en las finanzas significa alinear el uso del dinero con los principios de Dios; no se trata solo de adquirir riquezas, sino de administrarlas de una forma que lo honre.

TEl mundo opera bajo un sistema financiero basado en deudas, codicia y ganancias rápidas. La sociedad enseña que acumular dinero es el objetivo, que endeudarse es parte del camino al éxito y que ahorrar sin propósito es la forma más segura de prepararse para el futuro. Pero el sistema financiero de Dios es completamente distinto. Él nos llama a administrar, multiplicar y confiar en Él, no a acumular sin sentido, manipular o perseguir la riqueza sin dirección.

La esclavitud de la deuda

"El rico domina al pobre, y el prestatario es siervo del prestamista". (Proverbios 22:7, NKJV)

La deuda es una de las mayores trampas financieras que impiden a los creyentes experimentar la verdadera libertad financiera. El mundo fomenta el endeudamiento como una parte normal de la vida, ya sea para casas, autos, negocios o incluso vacaciones. Muchos creen que la deuda es necesaria para el éxito, pero la Biblia advierte que pedir prestado en realidad crea esclavitud. Cuando alguien está endeudado, no es totalmente libre. Sus decisiones financieras son controladas por los prestamistas, los pagos y las tasas de interés, en lugar de ser guiadas por el Espíritu de Dios. La deuda puede limitar la capacidad de una persona para dar, invertir y buscar nuevas oportunidades. Una persona esclavizada por las deudas no es libre para obedecer plenamente las instrucciones financieras de Dios porque está constantemente trabajando para pagar obligaciones pasadas.

Aunque algunas formas de deuda, como los préstamos comerciales o las inversiones inmobiliarias, pueden utilizarse estratégicamente, muchas personas contraen deudas innecesarias para obtener una gratificación instantánea, sin actuar con sabiduría divina. En lugar de financiar compras innecesarias, los creyentes deben aprender a administrar lo que tienen, multiplicar sabiamente, y confiar en Dios para el aumento. El deseo final de Dios es que Su pueblo sea prestamista, no prestatario:

"Prestarás a muchas naciones, pero no tomarás prestado; reinarás sobre muchas naciones, pero ellas no reinarán sobre ti". (Deuteronomio 15:6, NKJV)

Evitar las deudas innecesarias y tomar decisiones financieras acertadas permite a los creyentes experimentar la verdadera libertad y vivir con espíritu de generosidad.

Confiar en Dios con lo que se tiene

Muchas personas creen que no tienen lo suficiente para salir de deudas, iniciar un negocio o dar generosamente. Asumen que el aumento viene de fuentes externas en lugar de reconocer el valor total de lo que Dios ya ha puesto en sus manos.

La viuda de 2 Reyes 4:1-7 es un poderoso ejemplo de cómo Dios provee a través de lo que ya tenemos, incluso cuando no nos damos cuenta de su valor. Se encontraba en una situación económica desesperada. Su esposo había muerto, y los acreedores venían a tomar a sus dos hijos como esclavos para pagar sus deudas. Ella veía carencia, pero Dios veía provisión. Clamó al profeta Eliseo, y su respuesta fue sencilla:

"¿Qué haré por ti? Dime, ¿qué tienes en casa?" (2 Reyes 4: 2).

Al principio, pensó que no tenía nada. Entonces se acordó: una pequeña vasija de aceite. Eliseo le indicó que pidiera prestadas vasijas vacías a sus vecinos y comenzara a verter el aceite. A medida que obedecía, el aceite se multiplicaba. Siguió vertiendo hasta que todas las vasijas estuvieron llenas. Entonces Eliseo le dio la última instrucción:

"Ve, vende el aceite y paga tu deuda; y tú y tus hijos viviréis del resto". (2 Reyes 4: 7)

Esta historia revela varios principios financieros clave:

1. **La provisión ya está en nuestra posesión** - La viuda pensaba que no tenía nada, pero Dios ya le había dado un recurso que podía ser multiplicado.

2. **La obediencia desata la multiplicación** - El aceite no se multiplicó hasta que ella actuó con fe. Muchos creyentes están esperando que Dios los bendiga, mientras Dios está esperando que den un paso de fe con lo que ya tienen.

3. **Las deudas deben saldarse, no mantenerse para siempre** - Eliseo le indicó que vendiera el aceite, pagara sus deudas y viviera con lo que sobrara. El plan de Dios era que ella quedara libre de deudas y con abundancia.

Muchos hoy en día son como la viuda, clamando por un avance financiero mientras pasan por alto lo que Dios ya les ha dado. La fidelidad en las finanzas comienza con reconocer lo que está en tu mano y confiar en que Dios lo multiplicará. Recuerde también que Jesús primero agradeció al Padre por lo que tenía a mano y luego el Padre lo multiplicó (Mateo 14:17-21).

El amor al dinero

"Porque raíz de todos los males es el amor al dinero, por cuya avaricia algunos, apartándose de la fe, se traspasaron a sí mismos con muchos dolores." (1 Timoteo 6: 10)

Este versículo suele malinterpretarse. El dinero en sí no es malo, sino el *amor* al dinero.

Amar el dinero significa:

- Confiar más en la riqueza que en Dios.

- Perseguir el dinero a expensas del carácter y las relaciones.

- Tomar decisiones financieras basadas en el miedo o la codicia en lugar de en la fe.

Algunas personas creen que tener dinero las hace exitosas. Otros creen que no tener dinero les convierte en santos. Ambas cosas son erróneas. El dinero es neutral, toma el carácter de la persona que lo tiene. Dios bendice a su pueblo financieramente para que puedan ser una bendición para otros. Si el dinero es controlado por un corazón justo, será usado para propósitos del Reino. Si el dinero es controlado por un corazón codicioso, conducirá a la destrucción. Una persona que ama el dinero comprometerá, manipulará, o descuidará su fe para obtenerlo. Pero una persona que ama a Dios más que al dinero usará las finanzas para servir y avanzar Su voluntad.

El dinero es una herramienta de impacto

El dinero está destinado a crear impacto, no sólo comodidad. Cuando la riqueza se pone en manos de una persona justa, se convierte en una poderosa herramienta de transformación. Puede financiar ministerios, proveer para las familias, crear oportunidades para otros, y expandir negocios que honran a Dios. El dinero no es la meta; es un recurso que permite a los individuos servir y traer cambio a aquellos que los rodean.

Proverbios 19:17 dice: *"El que se compadece del pobre presta a SEÑOR, y Él le devolverá lo que ha dado"*. (NKJV). Esto revela que el dinero, cuando se usa correctamente, no se trata solo de acumular, se trata de mayordomía y de seguir el plan de Dios cuando lo usamos. La forma en que usamos las finanzas es un reflejo directo de nuestras prioridades. Una persona que acumula riquezas para autocomplacerse pierde el propósito mayor del dinero, mientras que alguien que usa sus recursos para bendecir a otros se alinea con el corazón de Dios para la provisión.

El mundo suele enseñar que el dinero es una medida de poder o estatus, pero en realidad, la cantidad de dinero que tiene una persona suele reflejar el valor que ha aportado a los demás. Aquellos que resuelven problemas, aportan innovación y sirven bien a otras personas tienden a atraer más recursos financieros. Este es un principio del Reino, cuando das valor, recibes aumento. Un negocio que ayuda a miles de personas tendrá naturalmente mayor flujo financiero que uno que sólo sirve a unos pocos. El éxito financiero no se trata sólo de trabajar más duro; se trata de servir mejor.

Dios no bendice a las personas con riquezas sólo para su propio beneficio personal. Él lo confía a aquellos que entienden que el dinero es un vehículo para hacer avanzar los propósitos de Su Reino en la tierra. El mundo ve el dinero como algo para acaparar, ostentar o controlar, pero Dios ve el dinero como un recurso para construir, bendecir y expandir Su Reino. Aquellos que se alinean con esta mentalidad no sólo experimentarán la libertad financiera, sino que también caminarán en la responsabilidad divina de usar la riqueza para hacer un impacto duradero.

El dinero sigue a la disciplina, no al deseo

Muchas personas sueñan con el éxito financiero, pero muy pocas lo experimentan al nivel que desean. La diferencia no es simplemente una cuestión de suerte u oportunidad, es una cuestión de disciplina.

Proverbios 21:5 (NKJV) dice: *"Los planes del diligente conducen ciertamente a la abundancia, pero los de todo el que se apresura, ciertamente a la pobreza"*. Este versículo enfatiza que el éxito es un resultado directo de la diligencia y la planificación cuidadosa. Los que se toman el tiempo de planificar, trazar estrategias y ejecutarlas con constancia acabarán viendo el fruto de su trabajo. Por otro lado, los que buscan resultados rápidos sin disciplina ni paciencia a menudo se encuentran en dificultades financieras.

Muchas personas actúan con una mentalidad de urgencia, esperando hacerse ricas de la noche a la mañana lanzándose a inversiones de alto riesgo, o gastando impulsivamente sin pensar en las consecuencias a largo plazo. El mundo comercializa la gratificación instantánea; compre ahora, pague después; invierta rápido, obtenga grandes beneficios; disfrute hoy, preocúpese mañana. Sin embargo, las Escrituras revelan que la verdadera estabilidad financiera proviene de la diligencia, la paciencia y la constancia, no de tomar atajos o decisiones precipitadas.

Proverbios 14:23 (NKJV) refuerza esto diciendo: *"En todo trabajo hay ganancia, pero la charla ociosa sólo conduce a la pobreza"*. Hablar de éxito, desear riqueza o incluso rezar por un avance financiero sin actuar no producirá resultados. La ganancia viene del trabajo real, ya sea administrando las finanzas sabiamente, desarrollando habilidades valiosas o construyendo un negocio con paciencia. El éxito financiero no viene de sueños vacíos o meras conversaciones, sino del trabajo fiel y la disciplina.

El contraste entre la sabiduría y la necedad en asuntos financieros queda claro en Proverbios 10:4 (NKJV), que dice: *"El que tiene la mano floja se empobrece, pero la mano del diligente se enriquece"*. La pereza en la administración financiera, ya sea que signifique descuidar el presupuesto, negarse a planificar o ignorar las estrategias de inversión sabias, conduce a la carencia. Por el contrario, aquellos que trabajan diligentemente, se mantienen constantes en sus hábitos financieros y se niegan a ser complacientes verán el aumento. El dinero fluye hacia quienes están preparados para manejarlo, mientras que quienes carecen de disciplina y responsabilidad suelen tener dificultades para conservar la riqueza, por mucho que ganen.

Proverbios 13:4 (NKJV) profundiza en este principio, diciendo: *"El alma del perezoso desea, y nada tiene; pero el alma del diligente se enriquecerá"*. Muchas personas desean un avance financiero, pero sus acciones no se alinean con sus deseos. Quieren el éxito, pero no están dispuestos a dar los pasos necesarios para aprender, crecer, administrar y hacer sacrificios para obtener ganancias a largo plazo. El perezoso desea la riqueza, pero nunca la alcanza porque se niega a adoptar los hábitos constantes y el esfuerzo necesarios para mantenerla. El hombre diligente, sin embargo, puede no ver resultados inmediatos, pero a través de la acción fiel, se posiciona firmemente para la prosperidad.

La verdad es que el dinero no sigue simplemente al deseo, sigue a la disciplina. Querer más dinero, orar por avances financieros, o incluso trabajar duro no es suficiente si no hay estructura, planificación y sabiduría detrás de ello. Aquellos que aplican diligencia en cada área de la administración financiera presupuestando, ahorrando, invirtiendo y dando, experimentarán un aumento constante. Sin embargo, aquellos que se niegan a planificar, gastan imprudentemente o confían en decisiones impulsivas continuarán luchando. Dios es un Dios de orden, y el éxito financiero sigue a aquellos que administran Sus recursos con sabiduría, paciencia y disciplina.

Un legado de finanzas fieles

Nathan siempre había sido muy trabajador. Desde que consiguió su primer empleo, estaba decidido a tener éxito económico. Había visto a sus padres luchar constantemente para llegar a fin de mes, viviendo de cheque en cheque, constantemente agobiados por las deudas. Se prometió a sí mismo que su vida sería diferente. Leyó todos los libros de finanzas que pudo encontrar, siguió las tendencias de inversión y absorbió todas las estrategias que el mundo ofrecía sobre cómo crear riqueza.

A los treinta y cinco años, Nathan había alcanzado lo que muchos considerarían un éxito financiero. Era propietario de una hermosa casa, conducía un automóvil de lujo, tenía múltiples inversiones y una cuenta de ahorros cada vez mayor. Sin embargo, a pesar de toda su sabiduría financiera, se sentía inquieto. No importaba cuánto dinero ganara, siempre tenía la sensación de estar a una mala decisión de perderlo todo.

Un día, durante una conversación con su mentor, el pastor Santiago, Nathan compartió sus frustraciones.

"Trabajo duro, ahorro, invierto", dice Nathan. "Sin embargo, gane lo que gane, nunca me siento seguro. Siempre estoy pensando en la próxima oportunidad, la próxima inversión, el próximo objetivo financiero."

El pastor Santiago se recostó en su silla y sonrió. "Nathan, dime algo, ¿de quién es tu dinero?"

Nathan frunció el ceño. "Es mío. Me lo he ganado".

"Ese es tu primer problema", respondió el pastor Santiago. "Crees que el dinero te pertenece. No te pertenece nada; eres simplemente un mayordomo de lo que Dios te ha dado. Hasta que no veas el dinero a través de los ojos de Dios, siempre te sentirás inquieto."

Nathan se sentó en silencio mientras el pastor Santiago abría su Biblia.

"El prestatario es siervo del prestamista". (Proverbios 22:7, NKJV)

"No tienes deudas, ¿verdad?" Preguntó el pastor Santiago.

Nathan negó con la cabeza. "No, he trabajado duro para no tener deudas".

"Eso está bien", asintió el pastor Santiago. "La mayoría de la gente no se da cuenta de que la deuda es esclavitud. Cuando debes dinero, estás trabajando para otra persona, no para el Reino de Dios. La deuda mantiene a la gente esclavizada a trabajos que no aman y negocios en los que no creen, simplemente porque necesitan hacer pagos. La libertad financiera no consiste sólo en evitar las deudas, sino en asegurarse de que el dinero está a tu servicio, y no al revés."

El pastor Santiago recurrió entonces a 2 Reyes 4:2 (NKJV), donde el profeta Eliseo preguntó a la viuda: *"Dime, ¿qué tienes en casa?"*.

"Ella pensaba que no tenía nada", explicó el pastor Santiago, "pero Dios ya le había dado un recurso que podía multiplicar. Mucha gente reza por un avance financiero cuando la provisión ya está en sus manos. Simplemente no lo ven".

La mente de Nathan se aceleró. Había estado tan centrado en perseguir la riqueza que nunca había pensado en lo que Dios ya había puesto en su vida. Tenía habilidades, conocimientos y recursos que ni siquiera había considerado como formas de crear impacto. Había estado tan centrado en conseguir más dinero que había ignorado las oportunidades de multiplicar lo que ya tenía.

"Aquí es donde mucha gente se equivoca", afirma. "Desean la riqueza, pero no la planean. Persiguen ganancias rápidas, inversiones arriesgadas y atajos, esperando tener éxito de la noche a la mañana. Dios bendice a quienes son diligentes, constantes y pacientes".

Nathan pensó en todas las veces que se había subido a las tendencias de inversión con la esperanza de ganar dinero rápido. Algunas funcionaron, pero otras fracasaron. En lugar de centrarse en el crecimiento sostenible, la planificación inteligente y el progreso constante, había corrido detrás de las ganancias a corto plazo.

El pastor Santiago sonrió: "El dinero sigue a la disciplina, no al deseo. El trabajo duro, la persistencia y la fiel mayordomía crean el aumento, no los deseos".

"No basta con desear el éxito financiero", continuó. "Mucha gente habla de riqueza, pero nunca actúa de verdad. Pierden el tiempo inventando excusas en lugar de progresar. Una gestión financiera fiel requiere acción, pasos reales hacia la disciplina, la coherencia y la sabiduría."

Nathan estaba sumido en sus pensamientos. Siempre había creído que, si administraba bien su dinero, hacía lo correcto. Pero algo seguía perturbando su corazón.

A continuación, el pastor Santiago se refirió a 1 Timoteo 6:10, que afirma:

"Porque raíz de todos los males es el amor al dinero, por cuya avaricia algunos se apartaron de la fe, y fueron traspasados de muchos dolores." (NKJV)

Ethan tragó saliva. "¿Estás diciendo que está mal ganar dinero?"

"En absoluto", le tranquilizó el pastor Santiago. "El dinero no es malo, pero el *amor* al dinero sí. En el momento en que tu seguridad, identidad y paz están ligadas a cuánto dinero tienes, has hecho de la riqueza tu amo. Dios da la riqueza como una herramienta de impacto, no como algo a lo que adorar."

Nathan se dio cuenta de que, aunque no se había endeudado, había ahorrado e invertido, había depositado su confianza en el dinero y no en Dios. Sin saberlo, había hecho de la riqueza su seguridad. Por eso nunca sintió paz, porque el dinero le controlaba a él, y no al revés.

"La riqueza es para impactar", dijo. "Dios no bendice económicamente a las personas sólo para que puedan vivir en el lujo. Las bendice para que puedan bendecir a otros. El dinero no debe acumularse sólo para beneficio personal; debe utilizarse para la obra del Reino, para ayudar a los necesitados, para crear oportunidades para los demás."

Nathan sintió un cambio en su corazón. Durante años, había visto el dinero como algo que construir y proteger para sí mismo, pero nunca había pensado en él como una herramienta de impacto. Se dio cuenta de que la verdadera libertad financiera no consiste sólo en tener más, sino en utilizar lo que Dios da con sabiduría, generosidad y determinación.

Aquella conversación cambió la vida de Natán. A partir de ese día, ya no se vio a sí mismo como el dueño de sus riquezas, sino como un administrador.

Dejó de tomar decisiones basadas en el miedo y empezó a confiar en Dios con lo que ya tenía en sus manos. En lugar de perseguir la próxima gran inversión, construyó con diligencia y disciplina. En lugar de poner su confianza en el dinero, puso su seguridad en Dios, sabiendo que la verdadera paz financiera no viene de lo que hay en tu cuenta bancaria, sino de quién es el Señor de tus finanzas.

Nathan no dejó de ganar dinero. De hecho, su riqueza creció aún más. Sin embargo, ahora, en lugar de acumularlo, lo utilizaba para el impacto del Reino. Por primera vez, se sintió en paz. No porque tuviera más dinero, sino porque por fin había alineado sus finanzas con los principios, el propósito y la voluntad de Dios.

La historia de Nathan no es sólo suya, es una lección para cualquiera que desee el éxito financiero. ¿Persigues el dinero o lo administras? ¿Tu seguridad está en la riqueza o en Dios? ¿Utilizas tus finanzas para servir al Reino, o simplemente para servirte a ti?

La verdadera prosperidad no se trata sólo de cuánto ganas, se trata de qué tan bien administras lo que Dios te confía. Cuando alineas tus finanzas con los principios de Dios, entras en la libertad, el aumento y la riqueza con propósito que te sobrevive, dejando un verdadero legado del Reino.

La pregunta es: ¿Estás preparado para administrar el dinero a la manera de Dios?

Principios bíblicos de las finanzas fieles

El fundamento de la fidelidad financiera no está en cuánto dinero tienes, sino en lo bien que administras lo que Dios te ha confiado. El dinero es una herramienta, no un amo. Cuando las finanzas están alineadas con los principios bíblicos, traen libertad, impacto y expansión del Reino. Los siguientes principios son esenciales para administrar el dinero a la manera de Dios:

1. **Evita las deudas innecesarias.** - *"El prestatario es siervo del prestamista".* (Proverbios 22:7, NKJV)

   La deuda pone a una persona bajo esclavitud financiera, limitando su capacidad de invertir, dar y moverse cuando Dios la llama. El mundo normaliza el endeudamiento, pero las Escrituras advierten que la deuda innecesaria conduce a la servidumbre. La mayordomía sabia requiere vivir dentro de los medios propios, tomar decisiones financieras cuidadosas y evitar deudas que crean cargas a largo plazo.

2. **Confía en lo que Dios ya te ha dado.** - *"Dime, ¿qué tienes en casa?"* (2 Reyes 4: 2)

   Muchos creen que necesitan más dinero para experimentar un avance financiero, sin embargo Dios a menudo provee a través de lo que ya está en nuestras manos. La viuda de 2 Reyes 4 pensaba que no tenía nada, pero su pequeña vasija de aceite se convirtió en la clave de su libertad financiera. El aumento comienza reconociendo, administrando y multiplicando lo que Dios ya ha provisto.

3. **La disciplina crea riqueza, no el deseo.** - *"Los planes del diligente conducen ciertamente a la abundancia, pero los de todo el que se apresura, ciertamente a la pobreza".* (Proverbios 21:5, NKJV)

El éxito financiero no es el resultado de deseos, esperanzas o decisiones impulsivas; es el resultado de la diligencia, la planificación y la paciencia. Muchos desean la riqueza pero carecen de la disciplina para presupuestar, ahorrar, invertir y administrar los recursos sabiamente. Aquellos que aplican consistentemente la sabiduría financiera verán un incremento, mientras que aquellos que se apresuran a tomar decisiones financieras sin estrategia tendrán dificultades.

4. **El trabajo duro y la perseverancia dan resultados.** - *"En todo trabajo hay ganancia, pero la charla ociosa sólo conduce a la pobreza".* (Proverbios 14:23)

Muchas personas hablan del éxito financiero pero nunca actúan. Planear y hablar no es suficiente - la riqueza se crea a través del esfuerzo consistente y el trabajo fiel. Aquellos que se comprometen a aprender, crecer y dar pasos intencionales hacia la sabiduría financiera experimentarán una prosperidad duradera.

5. **La riqueza sigue a la preparación y a la constancia.** - *"El alma del perezoso desea, y nada tiene; pero el alma del diligente se enriquecerá".* (Proverbios 13:4, NKJV)

Muchas personas desean un aumento financiero pero no están dispuestas a dedicar el tiempo, el esfuerzo y la disciplina requeridos para sostenerlo. Dios honra a aquellos que trabajan con diligencia y permanecen fieles en su mayordomía financiera. La pereza lleva a la carencia, pero la perseverancia lleva a la provisión.

6. **El dinero debe servir a Dios, no controlarte.** - *"El amor al dinero es raíz de toda clase de males".* (1 Timoteo 6: 10)

El dinero en sí no es malo, pero cuando se convierte en un ídolo, conduce a la codicia, al miedo y a una confianza equivocada. Algunos persiguen el dinero a expensas de su fe, su familia y su integridad, mientras que otros acumulan riquezas por miedo en lugar de confiar en Dios. El dinero nunca debe ser la fuente de seguridad, Dios lo es. Cuando la riqueza se somete a Él, se convierte en una herramienta para Sus propósitos, no una distracción de Su presencia.

7. **La riqueza es para impactar.** - *"El que se apiada del pobre presta a SEÑOR, y Él le devolverá lo que ha dado".* (Proverbios 19:17, NKJV)

La verdadera prosperidad no se trata de acumulación sino de impacto. Dios bendice la mayordomía financiera para que Su pueblo pueda dar, servir y expandir Su Reino. Aquellos que administran el dinero sabiamente no solo experimentarán un incremento sino que también estarán posicionados para ser una bendición para otros.

Cómo aplicar estos principios:

- Evita las deudas innecesarias. Vive dentro de tus posibilidades, toma decisiones financieras sabias y niégate a ser esclavizado por deudas que limiten tu capacidad de dar e invertir en el Reino de Dios.

- Confía en lo que Dios ya te ha dado. Reconoce y administra los recursos que tienes actualmente, sabiendo que el avance financiero a menudo viene a través de lo que ya está en tus manos.

- La disciplina crea riqueza, no el deseo. Comprométete a presupuestar, ahorrar y tomar decisiones financieras estratégicas en lugar de confiar en el gasto impulsivo o los deseos.

- El trabajo duro y la perseverancia dan resultados. Deja de esperar al éxito financiero y actúa de forma intencionada y coherente para gestionar tu dinero de forma inteligente.

- La riqueza es fruto de la preparación y la constancia. Desarrolla hábitos financieros a largo plazo, mantente diligente en tu trabajo y confía en que Dios honra la fidelidad en la mayordomía.

- El dinero debe servir a Dios, no controlarte. Vea el dinero como una herramienta para el impacto del Reino, nunca permita que dicte sus decisiones, prioridades o sentido de seguridad.

- La riqueza es para tener impacto. Utiliza el incremento financiero como una oportunidad para dar generosamente, ayudar a los demás y expandir el Reino de Dios, en lugar de acapararlo para beneficio personal.

La forma en que manejas el dinero hoy determina el nivel de crecimiento e influencia que Dios puede confiarte mañana. El manejo fiel de las finanzas no se trata solamente de salir de deudas o de hacer inversiones sabias, se trata de alinear tus finanzas con la agenda del Reino de Dios. El dinero sigue a aquellos que son disciplinados, diligentes y dispuestos a administrar cada recurso con integridad y propósito.

Muchas personas oran por un avance financiero mientras ignoran los principios del Reino que traen un aumento duradero. Sin embargo, el avance no siempre consiste en recibir más, sino en ser fiel con lo que ya está en tus manos. La viuda en 2 Reyes 4 no recibió un regalo de dinero; ella recibió una estrategia para la multiplicación. Dios te está llamando a administrar tus finanzas de una manera que produzca frutos duraderos, no sólo un alivio temporal.

La verdadera riqueza no se mide por lo que acumulas, sino por lo que se te confía gracias a tu fidelidad. Cuando aprendes a dominar los principios bíblicos sobre el manejo del dinero, la libertad financiera deja de ser una esperanza lejana y se convierte en un resultado esperado. La pregunta es: ¿seguirás funcionando según el sistema del mundo, basado en deudas, codicia e inestabilidad? ¿O darás el paso hacia el orden divino de Dios para el crecimiento?

En el próximo capítulo profundizaremos en cómo construir una riqueza sostenible, basada en los valores del Reino, una riqueza que perdure más allá de tu vida y bendiga a las generaciones futuras. No estás llamado solo a administrar el dinero; estás llamado a multiplicarlo con propósito. Si estás listo para pasar de sobrevivir económicamente a ser un verdadero administrador financiero, sigamos adelante. Tu legado de abundancia comienza ahora.

Parte 4

ACTUAR Y CONSTRUIR UNA PROSPERIDAD DURADERA

Has recorrido un gran camino en este viaje, y el hecho de que sigas aquí demuestra que vas en serio con alinear tu vida y tu negocio a los principios de Dios. Muchos desean tener éxito, pero pocos se toman el tiempo de construirlo sobre una base firme. Lo que has estado aprendiendo no se trata solo de generar más dinero o hacer crecer un negocio, sino de establecer un legado de prosperidad, buena administración e impacto, todo basado en la Palabra de Dios.

Hasta ahora, todo ha girado en torno a renovar tu manera de pensar, cambiar tu perspectiva sobre la riqueza y conocer los principios bíblicos que rigen el aumento financiero. Ahora llegó el momento de actuar. Esta última sección te dará la estrategia, sabiduría y fe necesarias para construir algo que trascienda tu propia vida. Aprenderás cómo romper con las limitaciones de una mentalidad de escasez, avanzar hacia una riqueza impulsada por el Reino y establecer un fundamento que seguirá dando fruto por generaciones.

La verdad es que Dios no quiere que tengas éxito solo por un tiempo. Él quiere que construyas algo que impacte mucho después de que ya no estés. Un negocio que refleje Su sabiduría. Un sistema financiero basado en Sus principios. Un legado que transforme vidas. Demasiadas personas trabajan duro para al final no dejar nada de verdadero valor. Pero ese no será tu caso.

Ahora es cuando debes tomar todo lo que has aprendido y ponerlo en práctica. No fuiste diseñado para la mediocridad; fuiste diseñado para prosperar. ¿Estás listo para entrar en la plenitud de lo que Dios tiene preparado para ti? Sigamos adelante.

10

VENCER EL MIEDO Y TOMAR RIESGOS CON FE

El miedo es uno de los mayores obstáculos para el éxito, mientras que la fe es la llave que abre la puerta a la prosperidad. Cada gran movimiento de Dios requiere dar pasos hacia lo desconocido, confiar en Él más allá de lo que se puede ver y creer en lo que ha dicho, incluso cuando las circunstancias digan lo contrario. La diferencia entre quienes experimentan un aumento sobrenatural y quienes se quedan estancados no está en el talento, los recursos o la inteligencia, sino en la fe.

Dios ordena a Su pueblo no temer, no como una sugerencia, sino como un requisito para caminar en Sus promesas. Josué 1:9 afirma: *"¿No te lo he mandado yo? Esfuérzate y sé valiente; no temas ni desmayes, porque el SEÑOR, tu Dios está contigo dondequiera que vayas"*. (NKJV). Este versículo no es simplemente un estímulo, es una orden para dar un paso adelante con valentía, sabiendo que Dios siempre está contigo. Él está a tu favor y no en tu contra.

Muchas personas esperan a que desaparezca el miedo antes de pasar a la acción. Sin embargo, la fe no es la ausencia de miedo, es la decisión de seguir adelante a pesar de él. El miedo siempre intentará limitarte, pero la valentía es elegir confiar en Dios más allá de lo que puedes controlar con tus propias fuerzas.

El miedo no viene de Dios. Es un ataque del enemigo diseñado para evitar que te metas en Su propósito. 2 Timoteo 1:7 confirma esta verdad:

"Porque no nos ha dado Dios espíritu de cobardía, sino de poder, de amor y de dominio propio". (NKJV)

Este versículo revela tres poderosas verdades. Primero, el miedo no viene de Dios, es una herramienta del enemigo para paralizar el progreso. Segundo, Dios ya ha dado poder, amor y una mente sana como sustitutos del temor. El poder significa la capacidad de superar obstáculos, el amor significa una confianza total en la fidelidad de Dios, y una mente sana significa claridad y paz en la toma de decisiones.

El miedo prospera donde no hay fe. Cuando se permite que el miedo controle las decisiones, mantiene a la gente atrapada en la duda, la vacilación y la inacción. La única manera de superar el miedo es llenarse de fe, a través de la oración, la Palabra y la acción audaz.

Las emociones son una herramienta, no un maestro

Dios creó las emociones. Jesús mismo experimentó alegría, tristeza, ira y una profunda compasión. Las emociones nos fueron dadas como señales, no como fundamento para la toma de decisiones.

Hebreos 4:15 dice: *"Porque no tenemos un Sumo Sacerdote que no pueda compadecerse de nuestras debilidades, sino que fue tentado en todo según nuestra semejanza, pero sin pecado."* (NKJV). Jesús sintió profundamente las emociones, pero nunca se dejó dominar por ellas.

En el huerto de Getsemaní, Jesús experimentó una profunda angustia antes de ir a la cruz. Reconoció sus emociones, pero se sometió a la voluntad del Padre. *"Padre, si es tu voluntad, aparta de mí esta copa; pero no se haga mi voluntad, sino la tuya".* (Lucas 22: 42).

Este es un ejemplo de fe en acción. El miedo, la preocupación y la duda pueden aparecer, pero nunca deben dictar nuestras decisiones. Una persona que construye su vida sobre emociones siempre será inestable, pero una persona que construye su vida sobre la fe verá crecimiento, éxito e impacto duradero.

La relación basada en la total dependencia de Dios

La fe se hace más profunda en las épocas en las que no hay plan de respaldo, ni red de seguridad, sólo Dios. Cuando el esfuerzo humano ya no es suficiente, la fe es la única opción.

Abraham partió de su hogar hacia una tierra desconocida sin un destino claro. Moisés extendió su mano sobre el Mar Rojo antes de que se dividiera. Pedro caminó sobre las aguas no porque tuviera sentido, sino porque confió en la llamada de Jesús. Cada uno de estos individuos vio lo milagroso porque eligieron la fe sobre el miedo.

La verdadera intimidad con Dios se desarrolla en los momentos en los que sólo queda la fe. Cuando no queda más que la confianza, Dios se muestra fiel de formas que van más allá de la imaginación. Los mayores testimonios nacen en los lugares donde termina la lógica y comienza la fe.

El mundo enseña a confiar en uno mismo, pero el éxito en el Reino requiere confiar en Dios. La fe es la llave que abre la provisión sobrenatural, el favor y el aumento. Cada gran avance en las Escrituras fue precedido por un acto de fe. Aquellos que confían plenamente en Dios siempre verán Su mano moverse de maneras que desafían los límites naturales.

Una gran fe genera un gran impacto

El nivel de fe mostrado determina el nivel de impacto. Los que piensan en pequeño, sueñan en pequeño y creen en pequeño verán resultados pequeños. Dios nunca llamó a nadie a la mediocridad, Él los llamó a la expansión, multiplicación y dominio.

Empresarios llenos de fe construyen negocios que influyen en las naciones. Los líderes guiados por la fe ocupan puestos de poder que cambian culturas. Los que confían en Dios con audacia dejan legados que duran generaciones. No se consigue nada grande dudando. La gran fe desbloquea resultados sobrenaturales, expande la influencia y lleva la transformación más allá del beneficio personal.

La fe no consiste sólo en creer, sino en dar un paso adelante cuando no hay más garantías que la Palabra de Dios. Cuando se actúa con fe, se activa lo sobrenatural.

Para crecer hay que salir de la zona de confort

La comodidad es enemiga del progreso y la prosperidad. Nada importante ocurre dentro de una zona de confort. Quienes se niegan a dar un paso hacia la incomodidad nunca experimentarán la plenitud de su potencial.

Jesús llamó constantemente a sus discípulos a situaciones que ponían a prueba su fe. Pedro caminó sobre las aguas sólo después de salir de la barca. Los cinco mil fueron alimentados sólo cuando los discípulos tomaron lo poco que tenían y lo pusieron en las manos de Jesús. Los milagros siguieron a la obediencia que requería incomodidad junto con el estiramiento de su fe.

En los negocios, el liderazgo y las finanzas, el crecimiento siempre llega fuera de lo familiar. Permanecer en los mismos patrones, rutinas y pensamientos limitados siempre producirá los mismos resultados. La expansión requiere dar un paso hacia lo desconocido, aprender nuevas habilidades, tomar decisiones audaces y confiar en Dios de maneras nunca antes hechas.

Proverbios 3:5-6 dice: *"Confía en el SEÑOR tu corazón, y no te apoyes en tu propia prudencia; reconócelo en todos tus caminos, y él enderezará tus veredas."* (NKJV). El crecimiento se produce cuando la fe se deposita en Dios y no en el razonamiento humano. En el momento en que una persona se niega a ir más allá de lo que puede controlar, limita lo que Dios puede hacer realmente en su vida.

El miedo que te retiene frente a la fe que te impulsa hacia delante

El miedo siempre dará razones para quedarse donde se siente seguro. Susurrará que ahora no es el momento adecuado, que el fracaso es demasiado probable, que quedarse donde estás es mejor que lo desconocido. La fe, sin embargo, avanza a pesar del miedo. La fe da un paso adelante cuando nada es seguro, excepto la promesa de Dios. La fe entiende que el aumento sigue a la obediencia, y que Dios nunca llama a nadie sin equiparlo para lo que le espera.

El miedo dirá: *"¿Y si fracaso?"*.

La fe responderá: *"¿Y si Dios obra más allá de lo que puedo imaginar?"*.

El miedo dirá: *"No estoy listo"*.

La fe responderá: *"Dios capacita a los que llama, no llama a los capacitados"*.

El miedo dirá: *"Esto es demasiado grande para mí"*.

La fe responderá: *"Nada es demasiado grande para Dios"*.

Todo lo que Dios tiene para ti está al otro lado de la fe. El crecimiento nunca vendrá quedándose donde es cómodo. El siguiente nivel de prosperidad, liderazgo y éxito está esperando a aquellos lo suficientemente audaces como para arriesgarse en la fe.

Dios no espera perfección, espera obediencia. El sistema del mundo enseña a ir sobre seguro, a esperar hasta que todo esté seguro. El sistema de Dios recompensa a los que dan un paso adelante cuando todo lo que tienen es Su Palabra. La fe abre puertas que el esfuerzo humano nunca podría. La elección es tuya, quédate donde es seguro, o da un paso hacia lo desconocido donde la abundancia de Dios espera.

Este camino no es para los temerosos, sino para los fieles. El próximo capítulo te llevará aún más lejos, revelando cómo tomar decisiones guiadas por el Espíritu que te distinguirán como líder en los negocios, las finanzas y la vida. Si estás listo para avanzar con una fe sin miedo, llegó el momento de dar el siguiente paso. ¡Tu próximo nivel te está esperando!

Una historia de superación del miedo y asunción de riesgos en la fe

Ava estaba sentada frente a su escritorio, mirando fijamente el contrato en la pantalla de su laptop. El cursor parpadeaba como si fuera un reloj de cuenta regresiva, desafiándola a dar el siguiente paso. Si firmaba, todo cambiaría. Si lo dejaba pasar, podía volver a la seguridad de lo conocido: su trabajo corporativo, estable pero sin alma. Su corazón latía con fuerza. Había orado por ese momento, lo había soñado, trabajado para lograrlo. Y ahora que estaba frente a ella, el miedo la envolvía como cadenas de hierro.

"¿Y si fracaso?"

"¿Y si el negocio no funciona?"

"¿Y si lo pierdo todo?"

Ava siempre había elegido el camino seguro. Creció en un hogar donde la seguridad era lo más importante. Sus padres tenían empleos estables, pagaban sus cuentas puntualmente y nunca tomaban riesgos. Para ellos, la estabilidad era sinónimo de éxito. Y por un tiempo, ella también lo creyó.

Siguió la ruta "segura": se graduó, consiguió un buen empleo, fue ascendiendo en la empresa… pero cada día sentía que se ahogaba. Reuniones que le drenaban la energía, largas jornadas trabajando por el sueño de alguien más, y esa voz interior que le gritaba que había sido creada para algo más grande… pero el miedo la frenaba. Hasta que un día, Dios le dio una idea.

Una visión para un negocio que uniría sus dones con su deseo de ayudar a otros y alcanzar libertad financiera. Al principio pensó que era solo una fantasía. Pero la idea no la soltaba. La despertaba de noche. Le removía el corazón en medio de las reuniones. Era como si Dios le preguntara: *"¿Confiarás en Mí? ¿Darás el paso de fe?"*

Pasó meses preparándose: aprendiendo, ahorrando, creando conexiones. Pensó que estaba lista. Pero ahora que la oportunidad estaba frente a ella, el miedo gritaba más fuerte que la fe.

Ava se recostó en la silla, frotándose las sienes.

El miedo susurraba:

"Estás cometiendo un error. Quédate donde es seguro."
"No estás preparada. No tienes lo que se necesita."
"¿Y si fallas delante de todos?".

La fe, aunque más suave, hablaba con firmeza:

"¿No te lo he ordenado yo? ¡Esfuérzate y sé valiente! No temas ni te desanimes, porque el SEÑOR tu Dios estará contigo dondequiera que vayas." (Josué 1:9, NKJV)

Cerró los ojos y respiró profundo. Ya había leído ese versículo antes, pero esta vez se sintió como un mensaje directo de Dios. El miedo no venía de Él.

"Porque no nos ha dado Dios espíritu de cobardía, sino de poder, de amor y de dominio propio". (2 Timoteo 1: 7)

El miedo quería mantenerla pequeña. Quería detenerla. Quería alejarla de todo lo que Dios tenía para ella. Ava agarró su Biblia del estante y la abrió. Sus ojos se posaron en la historia de Pedro caminando sobre el agua.

"Señor, si eres tú, ordena que yo vaya a ti sobre las aguas."

"Ven", *le dijo Jesús. Y Pedro salió del bote y caminó sobre el agua hacia Él.* (Mateo 14: 28-29)

Pedro caminó sobre el agua solo cuando se atrevió a salir del bote. Cerró la Biblia con decisión. La fe es acción. La fe es moverse aunque no haya garantías. La fe es atreverse. Ava se puso de pie, caminando por la habitación. Había pasado toda su vida esperando el "momento perfecto", las "condiciones ideales", una señal segura… pero la fe no funciona así. La fe es avanzar cuando el miedo quiere dejarte paralizado. Es confiar en Dios aunque la lógica diga que es una locura. Es saber que nunca caminarás sobre el agua si no estás dispuesto a salir del bote. Se sentó nuevamente, respiró hondo una última vez y presionó "Firmar". Una ola de emoción y nervios la recorrió. Ya estaba hecho. Había dado el salto. Ya no solo soñaba con el éxito... ahora caminaba hacia él.

El Crecimiento Que Nace De La Incomodidad

Los meses siguientes pusieron a prueba a Ava de formas que jamás imaginó. Se enfrentó a obstáculos que no había previsto. Hubo días en los que la duda volvió a asomarse, en los que el dinero escaseaba, en los que se preguntaba si había cometido un error. Pero en cada momento de incertidumbre, Dios se hizo presente.

Los clientes comenzaron a llegar. Se abrieron puertas que ni siquiera había tocado. Los recursos aparecían justo cuando los necesitaba. Y en medio de todo eso, su fe se hizo más fuerte que nunca. Entonces lo entendió: el verdadero crecimiento no ocurre en la comodidad. Si se hubiera quedado en su antiguo empleo, jamás habría descubierto de lo que era capaz. Si hubiese dejado que el miedo ganara, se habría perdido la alegría de caminar en su propósito. No solo creció su negocio: ella también creció. Se volvió valiente. Segura. Una líder. Una mujer de fe que ya no vivía bajo la sombra del temor.

La historia de Ava no es solo suya, también puede ser la tuya. Tal vez tú también has sentido ese llamado. Esa inquietud que viene de Dios, empujándote a algo nuevo. A comenzar ese negocio. A tomar ese riesgo. A confiar en que Él tiene más para ti. Tal vez, como Ava, el miedo te ha mantenido paralizado hasta ahora. Pero este es tu momento.

El miedo siempre estará ahí. Siempre buscará frenarte. Pero tú tienes una decisión que tomar. ¿Vas a dejar que el miedo te controle? ¿O vas a dar un paso de fe? Dios te está llamando a una vida más allá de tu zona de confort. Una vida donde la fe te lleva a tener impacto.

Una vida donde los riesgos del Reino traen recompensas del Reino. Nunca crecerás si te niegas a moverte. Nunca verás milagros si te quedas en el bote. Es hora de dar el salto. ¡Tu futuro lleno de fe te está esperando!

Principios Bíblicos Para Vencer El Miedo Y Asumir Riesgos En La Fe

La fe es el fundamento de cada avance, cada promoción y cada movimiento sobrenatural de Dios. El miedo mantiene a las personas estancadas, pero la fe las mueve hacia las promesas de Dios. Avanzar en la fe requiere confiar en la dirección de Dios en lugar de depender de la comodidad, la seguridad o la comprensión personal. Los siguientes principios bíblicos reforzarán las verdades cubiertas en este capítulo, asegurando que construyas una vida y un negocio arraigados en el valor, la audacia, y la confianza completa en Dios.

1. **Dios ordena valor, no miedo.** - *"¿No te lo he mandado yo? Esfuérzate y sé valiente; no temas ni desmayes, porque el SEÑOR, tu Dios está contigo dondequiera que vayas".* (Josué 1:9, NKJV)

   o El miedo no es sólo una emoción, es algo que Dios nos ordena rechazar. El coraje es una elección para seguir adelante, sabiendo que Dios ya ha ido delante de ti.

2. **El temor no viene de Dios; el poder, el amor y una mente sana, sí.** - *"Porque no nos ha dado Dios espíritu de cobardía, sino de poder, de amor y de dominio propio".* (2 Timoteo 1:7, NKJV))

   o El miedo es una herramienta del enemigo para mantenerte pequeño. Dios ya te ha dado el poder para vencer, el amor para confiar en Él y la claridad para tomar decisiones sabias.

3. **Las emociones sirven para tomar conciencia, pero no para guiarnos en nuestras decisiones.** - *"Porque no tenemos un Sumo Sacerdote que no pueda compadecerse de nuestras debilidades, sino que fue tentado en todo según nuestra semejanza, pero sin pecado".* (Hebreos 4:15, NKJV)

   o Jesús experimentó emociones, pero nunca permitió que éstas dictaran sus acciones. La fe va más allá de las emociones y sigue la verdad.

4. **La fe se construye en la total dependencia de Dios.** - *"Confía en el SEÑOR tu corazón, y no te apoyes en tu propia prudencia; reconócelo en todos tus caminos, y él enderezará tus veredas."* (Proverbios 3:5-6, NKJV)

   o La mayor fe se desarrolla cuando no queda nada más que confiar en Dios. Cuanto más dependa de Él, mayor será el aumento y los avances que verá.

5. **La fe produce un impacto sobrenatural.** - *"Jesús le dijo: "Si puedes creer, todo es posible para el que cree"".* (Marcos 9:23, NKJV)

   o El tamaño de tu fe determina el tamaño de tus resultados. La fe pequeña limita lo que Dios puede hacer en tu vida; la fe audaz desbloquea lo imposible.

6. **El crecimiento sólo se produce fuera de la comodidad.** - *"Ensancha el lugar de tu tienda, y que extiendan las cortinas de tus moradas; no escatimes; alarga tus cuerdas, y refuerza tus estacas".* (Isaías 54:2, NKJV)

   o La expansión requiere estiramiento. No puedes quedarte en el mismo sitio haciendo exactamente lo mismo y esperar resultados diferentes. El crecimiento se produce cuando te adentras en nuevos territorios, asumes riesgos y confías plenamente en Dios.

7. **El miedo te frenará, mientras que la fe te impulsará hacia adelante.** - *"Porque por fe andamos, no por vista".* (2 Corintios 5: 7)

   o La fe no tiene que ver con lo que ves, sino con lo que Dios ha dicho. Si sólo te mueves cuando las cosas parecen seguras, nunca experimentarás la plenitud de las promesas de Dios.

Applying These Principles

- Dios ordena valentía, no miedo. Elige dar un paso adelante con fe, sabiendo que Dios ya ha ido delante de ti para prepararte el camino.

- El temor no viene de Dios; el poder, el amor y una mente sana sí. Rechaza el miedo, sabiendo que Dios te ha equipado con todo lo que necesitas para caminar con valentía.

- Las emociones sirven para tomar conciencia, pero no para guiarte en tus decisiones. Reconoce tus emociones, pero deja que sea la fe, y no los sentimientos, la que dicte tus acciones.

- La fe se construye en total dependencia de Dios. Confía plenamente en Dios, incluso cuando no entiendas, y Él guiará tu camino.

- La fe produce un impacto sobrenatural. Cuanto mayor sea tu fe, mayores serán los avances y las oportunidades que Dios liberará en tu vida.

- El crecimiento sólo se produce fuera de la comodidad. Estar dispuesto a estirarse, asumir riesgos y dar un paso hacia nuevas oportunidades, confiando en Dios para el resultado.

- El miedo te frenará, mientras que la fe te impulsará hacia adelante. Muévete basándote en lo que Dios ha dicho, no en lo que parecen tus circunstancias actuales.

No estás aquí por casualidad. No estás leyendo este libro por coincidencia. Dios te ha traído hasta este momento porque te está llamando a dar un paso hacia algo más grande. Los sueños que llevas en el corazón, esas ideas que no te dejan en paz, ese anhelo profundo de algo más... no son fruto del azar. Han sido puestos en ti por Aquel que te creó con propósito, con impacto y con influencia.

Durante demasiado tiempo, el miedo ha intentado frenarte. Ha susurrado mentiras de duda, inseguridad y vacilación. Te ha convencido de quedarte donde todo parece más seguro, donde tú crees tener el control. Pero en el fondo, tú sabes que no fuiste hecho para quedarte en aguas poco profundas.

Este es tu momento. Dios te está llamando a ir más alto. Te está desafiando a romper con el miedo, a dar ese salto de fe, a confiar en Él como nunca antes. El siguiente nivel de tu vida, tu negocio y tu propósito te está esperando... pero requiere que des ese paso con valentía. El miedo siempre intentará hablar, pero ahora conoces la verdad: Dios no te ha dado un espíritu de temor, sino de poder, de amor y de dominio propio. (2 Timoteo 1:7, NKJV)

Él está contigo. Él va delante de ti. Y jamás te dejará. El mismo Dios que abrió el Mar Rojo, que hizo a Pedro caminar sobre el agua y que llevó a David de los campos al trono, es el mismo que te está guiando hoy. No esperes las condiciones perfectas. No te quedes sentado esperando que el miedo desaparezca antes de actuar. La fe es una decisión, no una emoción. Este es tu tiempo para levantarte. Este es tu momento para decir que sí. Esta es tu temporada para silenciar el miedo, salir del bote y caminar con valentía hacia la vida que Dios ha preparado para ti.

El próximo capítulo te llevará aún más profundo, enseñándote a tomar decisiones guiadas por el Espíritu que te destacarán como líder en los negocios, en las finanzas y en la vida. Tú naciste para esto. Fuiste creado para vencer. Fuiste diseñado para prosperar. Ahora ve. Da el paso. ¡Tu destino te está esperando!

11

CONSTRUIR UNA RIQUEZA GENERACIONAL

La riqueza, la sabiduría y la fe no están destinadas a quedarse en una sola generación. Todo lo que Dios pone en tus manos —tu conocimiento, negocio, crecimiento financiero e influencia— debe ser transmitido, multiplicado y sostenido por quienes vienen después de ti. Un verdadero legado no se trata solo de dejar bienes materiales, sino de sembrar una mentalidad del Reino, valores firmes y una fe que generen prosperidad duradera para las futuras generaciones.

Proverbios 13:22 dice: *"El hombre bueno deja herencia a los hijos de sus hijos, pero las riquezas del pecador se acumulan para el justo"*. (NKJV). Este versículo nos muestra que la riqueza construida con sabiduría del Reino está pensada para trascender. Las decisiones financieras impulsivas, la falta de planificación y una mala administración son algunas de las razones por las que la riqueza se pierde en una sola generación. En cambio, quienes piensan con una mentalidad generacional entienden que no están trabajando solo para hoy, sino también para sus hijos… y los hijos de sus hijos.

La mayor inversión que puede hacer una persona no está en acciones, propiedades o negocios, sino en las personas que está llamado a influir, guiar y formar. Si se construye una fortuna pero la siguiente generación no sabe cómo administrarla, multiplicarla ni ser buenos mayordomos de ella, esa riqueza se perderá o será malgastada. El dinero por sí solo no garantiza la prosperidad; lo que realmente la crea es una mentalidad renovada y alineada con el Reino. Si alguien hereda riquezas pero tiene una mentalidad de escasez, terminará desperdiciando lo que recibió. Pero si se le enseña a pensar con visión, fe y responsabilidad, podrá multiplicar esa herencia, dejando un impacto que perdure y crezca con el tiempo.

Los Cimientos De Un Legado Duradero

La construcción del éxito generacional comienza con lo que se inculca, no sólo con lo que se da. Proverbios 19:14 dice: *"Las casas y las riquezas son herencia de los padres, pero una esposa prudente es del Señor".* (NKJV). Este versículo muestra que la riqueza financiera puede heredarse, pero la verdadera sabiduría y el discernimiento provienen de Dios.

Una herencia puramente financiera se desvanecerá. Mientras que una herencia que incluya sabiduría, principios y la capacidad de crear, administrar y multiplicar la riqueza resistirá la prueba del tiempo. Demasiadas familias han perdido riqueza generacional porque se enfocaron en dar riquezas pero fallaron en transferir el conocimiento y los valores del Reino requeridos para sostener la riqueza. Una base financiera sin sabiduría es como una casa construida sobre arena, no resistirá las tormentas de las recesiones económicas, las pérdidas inesperadas o la mala gestión.

Todo empresario, emprendedor o líder de éxito debe preguntarse: ¿Qué estoy enseñando a la próxima generación? ¿Sólo les estoy entregando riqueza financiera, o los estoy entrenando en disciplina, una fuerte ética de trabajo, fe y administración financiera para que sepan cómo seguir construyendo sobre lo que yo dejo atrás?

Enseñar a la próxima generación

El Salmo 78:5-7 afirma: *"Porque estableció un testimonio en Jacob, y fijó una ley en Israel, la cual mandó a nuestros padres, para que la dieran a conocer a sus hijos; para que la conozca la generación venidera, los hijos que nacerán, a fin de que se levanten y la anuncien a sus hijos, para que pongan su esperanza en Dios, y no se olviden de las obras de Dios, sino que guarden sus mandamientos".* (NKJV).

Este pasaje nos muestra el plano para el éxito generacional. Todo comienza con la enseñanza, la formación y el liderazgo intencional. Así como la fe debe transmitirse, también deben enseñarse los principios del Reino sobre la buena administración, la integridad y la creación de riqueza. Los niños deben aprender desde pequeños cómo manejar el dinero, cómo pensar en términos de legado, cómo construir negocios con excelencia y, sobre todo, cómo confiar en Dios como su fuente.

La riqueza generacional no comienza con tener dinero, sino con transformar la mentalidad: dejar de pensar en sobrevivir para empezar a pensar en administrar, dejar de consumir para comenzar a crear, y pasar de solo gastar a saber invertir. Un niño que crece viendo diligencia, disciplina y generosidad, aplicará naturalmente esos principios en su adultez. (Proverbios 22:6) En cambio, un niño que hereda riquezas sin entender cómo mantenerlas corre el riesgo de repetir ciclos de fracaso financiero.

El legado se construye con formación constante e intencional. Se trata de declarar promesas sobre la próxima generación, de equiparlos con herramientas para ir más allá de lo que tú mismo lograste, y de recordarles que su esperanza debe estar puesta en Dios, que vivan con integridad y que nunca olviden los principios del Reino que generan prosperidad duradera.

El Pacto de Bendición Generacional de Dios

Génesis 17:7 dice: *"Y estableceré mi pacto entre tú y yo, y con tu descendencia después de ti, por todas sus generaciones, como pacto perpetuo: seré tu Dios y el de tus descendientes después de ti".* (NKJV).

El pacto de Dios con Abraham no era sólo para él, sino para todas las generaciones posteriores. Cada promesa de crecimiento, multiplicación y provisión divina estaba destinada a continuar más allá de una vida. Lo mismo es cierto para cada empresario, líder y padre de familia con mentalidad del Reino. No sólo estamos llamados a construir negocios para el éxito personal; estamos llamados a construir generacionalmente. Esto significa tomar decisiones financieras y empresariales pensando en el futuro, no sólo considerando lo que funciona para hoy, sino lo que se mantendrá durante décadas.

Dios bendice la obediencia, no sólo la ambición. Los líderes empresariales de más éxito no son sólo los que logran grandes cosas en su vida, sino los que preparan a la siguiente generación para un éxito continuado. La verdadera prosperidad no consiste en cuánto se gana en una sola vida, sino en cuánta sabiduría y fidelidad se transfieren a los que vienen después.

El Éxito Es Obediencia, No Sólo Logros

El mundo mide el éxito por los logros, los títulos y la riqueza. Sin embargo, el verdadero éxito no se trata sólo de lo que se construye, sino de si se construyó o no en obediencia a Dios. Un negocio, un imperio financiero o una fortuna personal no significan nada si no están alineados con los principios del Reino y el propósito de Dios. Muchas personas persiguen el beneficio económico, creyendo que cuanto más adquieren, más éxito tienen. Sin embargo, el estándar de éxito de Dios es diferente. Él llama a su pueblo a construir de una manera que lo honre, a través de la integridad, el servicio y la administración.

El éxito sin obediencia es vacío. Construir riqueza aparte de los principios de Dios puede traer ganancias temporales, pero no crea un impacto eterno. Cada decisión financiera, cada movimiento de negocios, cada inversión debe ser hecha con la mentalidad de, *"¿Está esto alineado con el plan de Dios? ¿Esto lo honrará? ¿Estoy construyendo algo que perdurará más allá de mí?"*.

La Mentalidad Que Sustenta La Riqueza Generacional

Una mentalidad de escasez solo piensa en el hoy. Una mentalidad del Reino piensa en generaciones. Quienes construyen sin una visión a largo plazo suelen tomar decisiones que satisfacen deseos inmediatos, pero no generan prosperidad duradera. En cambio, quienes entienden el valor de la multiplicación, la inversión y la buena administración bajo principios del Reino, establecen negocios, legados financieros y fundamentos de fe que trascienden su propia vida.

Formar a la próxima generación comienza con transformar la manera en que se percibe y se maneja la riqueza. La educación financiera, la buena administración y la toma de decisiones basada en la fe deben enseñarse desde temprana edad. Los niños deben entender que el dinero es una herramienta, no un ídolo, y que está destinado a avanzar el Reino, proveer para las familias y crear oportunidades para otros.

Construir un legado requiere una visión más allá de tu tiempo en la tierra. Las decisiones que tomes hoy determinarán si la próxima generación prospera o lucha. Dejar una herencia económica es bueno, pero dejar una mentalidad del Reino, una base de fe y un pacto generacional con Dios es lo que produce verdadera prosperidad.

Dios no te está llamando solo a construir para ti. Te está llamando a establecer una base que bendiga a tus hijos, a tus nietos y a generaciones que ni siquiera conoces todavía. Todo lo que Él entrega está diseñado para multiplicarse. La riqueza, la sabiduría y la fe deben sembrarse en la próxima generación para que continúen la obra que Dios comenzó contigo. Un verdadero emprendedor del Reino no construye solo para sí mismo. Construye con la eternidad en mente. Construye para que sus hijos no tengan que empezar de cero, sino que cuenten con el conocimiento, la fe y la estabilidad financiera para llegar aún más lejos.

El próximo capítulo une todas las piezas, mostrando cómo alinear por completo tu fe, tu negocio y tus finanzas para dejar una huella duradera que glorifique a Dios. No estás construyendo solo para hoy; estás construyendo para las generaciones que vienen. La pregunta es: ¿qué tipo de legado vas a dejar?

Un legado que vale más que el oro

David estaba sentado frente a su padre, mirando aquel viejo escritorio de madera que había estado en la familia por generaciones. Tenía marcas, rayones y zonas desgastadas por el paso del tiempo, pero también guardaba historias de sabiduría, fe y perseverancia. Su padre, Tom, era un emprendedor hecho a sí mismo que había levantado su negocio desde cero. Ahora, con más de sesenta años, estaba listo para pasarle el legado a David.

"Hijo", dijo Tom, entrelazando las manos sobre el cuaderno gastado frente a él, "esta empresa ahora es tuya. He dedicado mi vida a construirla, pero lo que te estoy dejando no es solo una compañía, es un legado. La pregunta es: ¿vas a sostenerlo o vas a dejar que se pierda?"

David suspiró mientras se frotaba las sienes.

"Papá, valoro todo lo que has hecho, pero el mundo ha cambiado. Hoy en día, los negocios son impredecibles, los mercados cambian de la noche a la mañana, y el éxito ya no está asegurado."

Tom asintió con comprensión.

"Lo sé. El mundo cambia, pero los principios del Reino no. Lo que construyó esta empresa no fue la suerte, sino la fe, la sabiduría y la obediencia a los principios de Dios. Si los sigues, este legado no solo se mantendrá, va a multiplicarse."

David había crecido viendo a su padre trabajar sin descanso, tomando decisiones sabias, asumiendo riesgos con cuidado y siempre buscando la dirección de Dios. El negocio había provisto estabilidad para su familia, pero lo que realmente marcó la diferencia fue la forma en que su padre lo construyó.

Tom le había enseñado a David el valor del trabajo duro. Siempre decía: *"La riqueza sin sabiduría se desperdicia."* Le enseñó a ver el dinero como una herramienta, no como un amo. Le inculcó que el propósito del negocio no era solo generar ganancias, sino honrar a Dios y servir a las personas.

De niño, David recordaba cómo su padre rechazaba tratos muy lucrativos si no eran honestos. También lo veía detenerse a orar antes de tomar decisiones importantes. Recordaba cuando Tom le decía a sus empleados: "Este negocio jamás se construirá sobre la mentira, sin importar cuánto dinero haya de por medio."

David también vio cómo su padre daba con generosidad, no solo a la familia, sino a muchos otros. Financió becas, apoyó a madres solteras de la iglesia y dio oportunidades para que sus empleados crecieran y se convirtieran en líderes.

Un versículo vino a su mente: Proverbios 13:22: *"El hombre de bien deja herencia a los hijos de sus hijos, pero la riqueza del pecador está guardada para el justo."*

Su padre era un hombre de bien. No solo estaba dejando una empresa, estaba dejando una forma de pensar basada en el Reino, una manera de vivir que honraba a Dios.

David tenía dudas. Había visto cómo muchos herederos no sabían sostener el legado recibido. Le preocupaba equivocarse, no estar a la altura. Tom notó su incertidumbre. "David, ¿sabes qué diferencia a las familias que construyen riqueza generacional de las que la pierden?"

David negó con la cabeza.

"No es la cantidad de dinero que dejan, sino la mentalidad que transmiten. Si adoptas la misma mentalidad del Reino con la que se construyó esto, no solo lo vas a mantener, lo vas a hacer crecer. Pero si ignoras los principios que dieron origen a este legado, se vendrá abajo."

Entonces recordó otro versículo: Proverbios 19:14: "La casa y las riquezas son herencia de los padres; mas de Jehová la mujer prudente." La riqueza se podía heredar, pero la sabiduría se tenía que aprender, era un regalo de Dios (Santiago 1:5). Sin sabiduría, una herencia se malgasta. Sin conocimiento, el éxito es pasajero.

Su padre lo había preparado toda la vida para este momento. No dándole todo, sino enseñándole a administrar, a cuidar y a multiplicar lo que recibiera.

Tom sacó una Biblia vieja del escritorio. Las páginas estaban desgastadas, llenas de versículos subrayados y anotaciones.

"David, yo he vivido siguiendo estos principios. Cuando empecé este negocio hice un pacto con Dios. Le prometí que todo lo que Él me diera lo usaría para glorificarlo, bendecir a mi familia y ayudar a otros."

Abrió en Génesis 17:7: "Y estableceré mi pacto contigo y con tus descendientes después de ti, por sus generaciones, por pacto perpetuo, para ser tu Dios y el de tu descendencia después de ti."

"Este negocio no se trata solo de nosotros", continuó Tom. "Las promesas de Dios son para generaciones. Eso significa que no trabajamos solo para nosotros, construimos algo que impactará mucho más allá de nuestra vida."

David sintió un cambio por dentro. Había estado viendo esta transición como una carga, cuando en realidad era un privilegio, una verdadera bendición. No estaba heredando solo una empresa, estaba heredando un llamado. El mundo define el éxito como riqueza, estatus y logros. Su padre siempre lo había definido de otra forma.

"David, el éxito no se trata de cuánto dinero ganes. El verdadero éxito es obedecer las instrucciones de Dios. Si lo buscas a Él primero, como dice Mateo 6:33, todo lo demás vendrá por añadidura."

David pensó en el Salmo 78:5-7, que habla de enseñar los caminos de Dios a la siguiente generación para que los sigan:

"Para que pongan su esperanza en Dios, y no se olviden de las obras de Dios, sino que guarden sus mandamientos". (Salmo 78: 7).

Su padre había vivido así cada día. Había construido algo con fe, obediencia y buena administración. Algo que no duraría solo unos años, sino generaciones. David respiró profundo y tomó el bolígrafo del escritorio. Tenía una decisión que tomar: podía seguir adelante con miedo o avanzar con fe, sabiduría y un compromiso de honrar los mismos principios que dieron origen a ese legado.

"Está bien, papá", dijo con una sonrisa. "Estoy listo."

Tom se recostó en la silla con una expresión de paz en el rostro.

"Me alegra. Porque esto nunca fue solo un negocio. Se trata de cumplir con la misión que Dios nos dio."

David salió de esa oficina con una nueva mentalidad. Ya no le temería a la responsabilidad, la abrazaría. Lideraría con integridad, confiando en Dios en cada decisión, y enseñaría a sus hijos los mismos principios del Reino que habían sido sembrados en él. Porque un legado no es solo lo que se hereda, es lo que se construye, se sostiene y se multiplica para las generaciones que vienen.

Tal vez tú también estás en un punto donde estás pensando en lo que estás construyendo, no solo para ti, sino para quienes vendrán después. Tal vez el miedo se ha colado y te susurra que no estás preparado, que es muy difícil o que el éxito es incierto.

Que esta historia te recuerde algo importante: los legados se construyen con fe, sabiduría y obediencia. No importa con cuánto empieces, lo que cuenta son los principios con los que manejas lo que tienes. Estás construyendo algo mucho más grande que riqueza: estás creando una base del Reino que impactará generaciones. ¿Vas a transmitir fe, sabiduría y principios que vivan más allá de ti? ¿Vas a ser quien transforme el futuro de tu familia? Dios ya te dio lo necesario para establecer un legado que perdure… ¿lo vas a usar con sabiduría?

Principios Bíblicos Para Construir Un Legado Generacional

El verdadero legado es más que riqueza, es sabiduría, fe y principios que aseguran que el éxito perdure por generaciones. La Biblia proporciona un modelo claro para construir una fundación que no sólo te bendiga a ti sino que también impacte a tus hijos, nietos y más allá. A continuación se presentan los principios bíblicos que aseguran el éxito generacional, asegurando que lo que se construye hoy continúe prosperando en alineación con la Palabra de Dios.

1. **Un buen hombre construye más allá de su vida.** - *"El hombre bueno deja herencia a los hijos de sus hijos, pero las riquezas del pecador se acumulan para el justo".* (Proverbios 13: 22)

   o La verdadera prosperidad no consiste en obtener beneficios a corto plazo, sino en crear algo duradero. Un enfoque cortoplacista se centra únicamente en el éxito personal, pero una mentalidad del Reino garantiza que lo que se construya hoy siga bendiciendo a las generaciones futuras.

2. 2. **La riqueza sin sabiduría no durará.** - *"Las casas y las riquezas son herencia de los padres, pero una esposa prudente es del Señor".* (Proverbios 19: 14)

   o El dinero por sí solo no basta. Sin sabiduría, disciplina y una mentalidad adecuada, una herencia puede malgastarse. Enseñar a la siguiente generación a administrar y multiplicar los recursos garantiza la sostenibilidad.

3. **El éxito generacional requiere una formación intencionada.**
   - "Porque estableció un testimonio en Jacob, y fijó una ley en Israel, la cual mandó a nuestros padres, para que la dieran a conocer a sus hijos; para que la generación venidera la conozca, los hijos que nacerán, a fin de que se levanten y la anuncien a sus hijos, para que pongan su esperanza en Dios, y no se olviden de las obras de Dios, sino que guarden sus mandamientos." (Salmo 78:5-7, NKJV)

   o El legado no se trata sólo de lo que se deja atrás, sino de lo que se enseña, se inculca y se modela. Una base financiera sólida debe ir acompañada de fe, sabiduría y principios bíblicos que garanticen la continuidad del éxito a través de las generaciones.

4. **Las bendiciones y promesas de Dios son generacionales.** - *"Y estableceré mi pacto entre tú y yo, y con tu descendencia después de ti, por todas sus generaciones, como pacto perpetuo: seré tu Dios y el de tus descendientes después de ti".* (Génesis 17:7, NKJV)

   o Las bendiciones de Dios no son para una sola persona ni para toda la vida. Su pacto se extiende a aquellos que siguen Sus caminos. Cuando el éxito financiero se construye a través de la obediencia a Sus principios, se crea un impacto duradero que se extiende a las generaciones futuras.

5. **El éxito no es sólo logro, es obediencia.** - *"Encomienda al SEÑOR tus obras, y tus pensamientos serán afirmados".* (Proverbios 16:3)

   o El mundo define el éxito por el estatus y la riqueza, pero el verdadero éxito es la alineación con la voluntad de Dios. Cada decisión, cada movimiento de negocios y cada plan financiero deben estar comprometidos con Él. Cuando la obediencia guía, el éxito sigue.

6. **La riqueza generacional requiere una mentalidad renovada.** *- "No os conforméis al modelo de este mundo, sino transformaos mediante la renovación de vuestra mente".* (Romanos 12:2, NVI)

   o La mayor herencia es una mentalidad renovada del Reino de mayordomía, fe y disciplina. Enseñar a la próxima generación cómo pensar en el dinero, los negocios y el liderazgo a través de una lente bíblica garantiza que lo que se les da no se pierda, sino que se multiplique.

7. **La fe y la visión a largo plazo sostienen un legado.** *- "Porque por fe andamos, no por vista".* (2 Corintios 5: 7)

   o Construir un legado duradero requiere ver más allá del presente. Muchas personas se centran únicamente en la comodidad inmediata, pero quienes piensan generacionalmente crean negocios, inversiones y estrategias financieras que les sobreviven.

8. **La sabiduría, no la riqueza, es el fundamento de la verdadera prosperidad.** *- "Con la sabiduría se edifica una casa, y con la inteligencia se establece; con el conocimiento se llenan las habitaciones de todas las riquezas preciosas y agradables".* (Proverbios 24:3-4, NKJV)

   o La herencia financiera es importante, pero la sabiduría es la clave para mantenerla. Transmitir riqueza sin enseñar principios financieros bíblicos es como dar a un ser querido una casa sin cimientos. La sabiduría asegura que lo que se construye hoy continúe prosperando en el futuro.

Cómo aplicar estos principios

- Un buen hombre construye más allá de su vida. Céntrate en crear un impacto duradero, no solo un éxito a corto plazo, construyendo con la mentalidad del Reino.

- La riqueza sin sabiduría no durará. Enseña a la próxima generación a administrar los recursos con prudencia, garantizando la sostenibilidad más allá de su vida.

- El éxito generacional requiere un entrenamiento intencional. Inculque fe, sabiduría y otros principios bíblicos a sus hijos para prepararlos para el éxito a largo plazo.

- Las bendiciones y promesas de Dios son generacionales. Camina en obediencia a la Palabra de Dios, sabiendo que Sus bendiciones se extienden a aquellos que siguen Sus caminos.

- El éxito no es sólo logro, es obediencia. Encomienda cada decisión financiera y de negocios a Dios, permitiéndole dirigir tu camino hacia la verdadera prosperidad.

- La riqueza generacional requiere una mentalidad renovada. Cambia tu forma de pensar de las ganancias a corto plazo a la administración a largo plazo, enseñando a las generaciones futuras a hacer lo mismo.

- La fe y la visión a largo plazo sostienen un legado. Toma decisiones que se alineen con el plan de Dios, mirando más allá del presente para crear un impacto en los años venideros.

- La sabiduría, no la riqueza, es la base de la verdadera prosperidad. Da prioridad a la transmisión de la sabiduría bíblica y la administración financiera en lugar de simplemente dejar la riqueza material a los que vienen después de ti.

El legado no se trata solo de lo que dejas, sino de a quién preparas para continuarlo. Las decisiones que tomes hoy marcarán la diferencia entre si las futuras generaciones prosperan o enfrentan dificultades. Lo que construyes importa, pero aún más importa a quién formas para sostenerlo. Dios ya te ha dado todo lo necesario para establecer un legado generacional basado en sabiduría, fe y buena administración. ¿Vas a construir con la eternidad en mente? ¿Vas a dejar no solo riquezas, sino también los principios que las hacen perdurar? La próxima generación te está esperando. Este es el momento de edificar tu legado en el Reino.

12

ESCALAR TU NEGOCIO CON IMPACTO EN EL REINO

¡Has llegado al último capítulo, y eso ya es motivo de celebración! Has invertido tu tiempo, energía y enfoque en algo que tiene el poder de cambiar tu vida para siempre. Muchas personas comienzan a aprender sobre los principios del Reino, pero pocas se comprometen de verdad a entenderlos y aplicarlos. El hecho de que estés aquí demuestra que vas en serio con construir algo que honre a Dios, transforme vidas y deje un impacto duradero.

Cada principio, cada estrategia y cada verdad bíblica que encontraste en este libro no es solo conocimiento: es una invitación divina a caminar en tu llamado. El éxito que deseas, el negocio que estás llamado a construir y el impacto que estás destinado a dejar están al alcance. Ahora, el siguiente paso es simple: ponerlo en práctica.

Escalar tu negocio no se trata solo de ganar más dinero o tener una plataforma más grande. Se trata de multiplicar la influencia que Dios te ha dado, sin dejar de estar firmemente arraigado en la fe. El verdadero impacto en el Reino no es solo expansión; es expansión con propósito, sabiduría y alineación con la voluntad de Dios.

Expandir la Influencia sin Perder la Fe

Muchas personas quieren hacer crecer sus negocios, ampliar su alcance e incrementar su riqueza. Y eso está bien, pero solo si ese crecimiento está anclado en los principios de Dios. El mundo enseña que el éxito consiste en llegar a la cima lo más rápido posible, hacer lo que sea necesario para aumentar los ingresos y ser visto por la mayor cantidad de personas. Pero el Reino de Dios opera de una manera distinta. El Salmo 75:6-7 nos recuerda:

"Porque la exaltación no viene ni del este, ni del oeste, ni del sur. Pero Dios es el Juez: Él derriba a uno y enaltece a otro". (NKJV)

La verdadera promoción viene de Dios, y cuando Él te eleva, nada puede derribarte. Cuando haces crecer tu negocio a la manera de Dios, no necesitas recurrir a la manipulación, los atajos ni las tácticas del mundo. La fidelidad, la integridad y la obediencia a sus principios te posicionan para una aceleración divina.

Mateo 6:33 declara: *"Mas buscad primeramente el reino de Dios y su justicia, y todas estas cosas os serán añadidas".* (NKJV). Escalar con impacto en el Reino significa que Dios sigue siendo la base de todo lo que construyes. No es un pensamiento secundario. Tu fe no se reduce mientras tu negocio crece, al contrario, se fortalece. Tu negocio no se trata solo de ganancias económicas; es una herramienta para la expansión del Reino. Cada producto, servicio u oportunidad debería estar diseñado para servir a otros, suplir necesidades y transformar vidas. Cuando permaneces arraigado en la fe, tu negocio se convierte en una plataforma donde Dios se mueve, bendice y genera un impacto que va más allá de lo que puedes imaginar.

Tu Negocio Es Un Ministerio

Muchas veces, la gente cree que el ministerio solo sucede dentro de una iglesia, en misiones o en organizaciones benéficas. Aunque todo eso es valioso, el ministerio es mucho más que un título o una institución; es un llamado a servir donde sea que Dios te haya colocado.

Colosenses 3:23-24 dice: *"Y todo lo que hagáis, hacedlo de corazón, como para el Señor y no para los hombres, sabiendo que del Señor recibiréis la recompensa de la herencia; porque al Señor Cristo servís".* (NKJV).

ISi tu negocio hace lo siguiente, se considera un ministerio:

- Si estás sirviendo a personas, supliendo necesidades y llevando tu negocio con integridad, estás ministrando.

- Si estás creando sistemas que generen oportunidades para otros, estás ministrando.

- Si tu negocio provee libertad financiera a tu familia y te permite dar con generosidad, estás ministrando.

- Si estás guiando, enseñando o animando a otros a través de tu trabajo, estás ministrando.

El ministerio no se limita a predicar desde un púlpito; se manifiesta en el funcionamiento diario de un negocio guiado por el Reino. Tu empresa es un lugar donde las personas pueden experimentar el amor de Dios, ver la excelencia de Sus principios y presenciar Su fidelidad en acción.

Mateo 20:26-28 expresa el corazón del verdadero liderazgo:

"Pero no será así entre vosotros, sino que el que quiera hacerse grande entre vosotros, que sea vuestro servidor. Y el que quiera ser el primero entre vosotros, que sea vuestro esclavo, como el Hijo del hombre no ha venido a ser servido, sino a servir y a dar su vida en rescate por muchos." (NKJV)

El negocio no debe tratarse de buscar reconocimiento personal, sino de servir. Tu negocio es una oportunidad para bendecir, abrir puertas y glorificar a Dios. Ya sea que emplees personas, acompañes a otros o simplemente ofrezcas productos que mejoren la vida de alguien, tu empresa tiene el poder de expandir el Reino de Dios de formas que nunca imaginaste.

Ahora, Esta Es Tu Historia

Has llegado a las últimas páginas de este libro, pero esto no es un cierre: es un comienzo. Ahora, esta es tu historia.

Has recorrido cada principio, absorbido cada verdad bíblica y descubierto una nueva forma de ver los negocios, la fe y la prosperidad. Lo que has aprendido no es solo información; es una estrategia divina para tu éxito.

Ya tienes todo lo que necesitas. El plano está en tus manos. La visión está en tu corazón. El siguiente paso te corresponde a ti. Tal vez durante mucho tiempo dudaste, te detuviste o te preguntaste si de verdad estabas llamado a construir algo con propósito. Esas preguntas ya no te limitan. Has sido elegido, capacitado y ungido para crear, servir y multiplicar. Ahora es momento de actuar.

Mira bien la visión que Dios ha puesto en ti. Ve el negocio, el equipo, el impacto, la transformación. No es solo una idea, es un encargo. Dios te está llamando a construir.

Los miedos que antes te detenían ya no tienen poder sobre ti. Las dudas que nublaban tu mente han sido reemplazadas por fe. Tu negocio no es solo un negocio, es un ministerio. Cada producto, cada servicio, cada transacción, cada cliente que atiendes forma parte de una misión del Reino. No se trata solo de generar ingresos. Se trata de avanzar los propósitos de Dios en la tierra a través de lo que creas.

Entonces, ¿qué vas a hacer ahora? ¿Vas a quedarte donde es cómodo o vas a dar ese paso de fe?

Este es tu momento, como el de Pedro. Tal vez las olas están agitadas, el viento sopla fuerte y el mundo dice que es muy arriesgado. Pero Jesús te está llamando a salir del barco. Camina sobre el agua de la fe. Construye lo que Él puso en tu corazón. Confía en Él para los resultados.

Ya no es momento de esperar. Ya no es momento de dudar. Ahora es momento de construir. Es momento de expandir. Es momento de caminar con firmeza hacia el destino que Dios ha preparado para ti.

Esta ahora es tu historia. Anda. Construye. Sirve. Prospera. El Reino está esperando lo que Dios ha depositado dentro de ti (Romanos

8:19), y Él estará contigo en cada paso del camino. *¡Es hora de levantarte!*

Principios Bíblicos Para Escalar Con Impacto En El Reino

Tienes todo lo que necesitas para dar un paso hacia tu llamado y construir tu negocio con el propósito del Reino. El crecimiento de su negocio no se trata sólo de expansión, sino de multiplicar el impacto, servir a los demás y permanecer arraigado en la fe. Estos principios bíblicos te guiarán mientras das los siguientes pasos en obediencia al plan de Dios para tu vida y tu negocio.

1. **Dios te ha llamado a construir y ampliar.** - *"Ensancha el lugar de tu tienda, y que extiendan las cortinas de tus moradas; no escatimes; alarga tus cuerdas, y refuerza tus estacas".* (Isaías 54:2, NKJV)

    o El crecimiento forma parte del designio de Dios para su pueblo. Él no te llama a permanecer pequeño. Él te llama a expandir tu alcance, aumentar tu influencia, y hacer un impacto que te sobreviva.

2. **Tu negocio es un ministerio.** - *"Y todo lo que hacéis, hacedlo de corazón, como para el Señor y no para los hombres, sabiendo que del Señor recibiréis la recompensa de la herencia; porque al Señor Cristo servís".* (Colosenses 3:23-24, NKJV)

    o Ya sea que vendas un producto, prestes un servicio o dirijas un equipo, tu negocio es una oportunidad para servir a Dios. El ministerio no es sólo en la iglesia, es dondequiera que la gente está siendo servida y edificada.

3. **La fe es necesaria para la expansión.** - *"Porque por fe andamos, no por vista".* (2 Corintios 5:7, NKJV)

    o Hacer crecer tu negocio requiere fe. No siempre verás el panorama completo antes de salir, pero confiar en la provisión y dirección de Dios es clave para un crecimiento sobrenatural.

4. **Las grandes empresas se basan en el servicio.** - *Pero no será así entre vosotros, sino que el que quiera hacerse grande entre vosotros, que sea vuestro servidor. Y el que quiera ser el primero entre vosotros, que sea vuestro esclavo; como el Hijo del hombre no vino para ser servido, sino para servir y para dar su vida en rescate por muchos."* (Mateo 20: 26-28)

   o Los negocios no son sólo cuestión de ingresos, sino de servir bien a la gente. Cuando te centras en satisfacer las necesidades y aportar valor a los demás, la expansión se produce de forma natural.

5. **Buscad primero el Reino, y todo lo demás vendrá por añadidura.** - *"Buscad primero el Reino de Dios y su justicia, y todas estas cosas os serán añadidas".* (Mateo 6: 33)

   o Si tu negocio está realmente alineado con los valores del Reino, Dios te proporcionará todo lo que necesitas para crecer.

6. **El éxito es obediencia, no sólo logros.** - *"Encomienda al SEÑOR tus obras, y tus pensamientos serán afirmados".* (Proverbios 16:3)

   o El crecimiento no debe estar impulsado por la ambición mundana, debe estar arraigado en la obediencia a la dirección de Dios. La verdadera medida del éxito es la fidelidad a tu vocación.

7. **El favor de Dios trae un aumento sobrenatural.** - *"La bendición del Señor enriquece, y no añade tristeza con ella".* (Proverbios 10: 22)

   o Cuando construyes con integridad, fe y obediencia, Dios bendice tus esfuerzos de un modo que la estrategia humana por sí sola no puede. Su favor trae prosperidad duradera sin cargas.

8. **La multiplicación es un principio del Reino.** - *"Su señor le dijo: 'Bien, siervo bueno y fiel; sobre poco fuiste fiel, sobre mucho te pondré. Entra en el gozo de tu señor'".* (Mateo 25: 21)

   o Dios recompensa la administración fiel con el aumento. Si administras con excelencia lo que Él te ha dado, te confiará más.

Cómo aplicar estos principios:

- Dios te ha llamado a construir y expandir. Da un paso en la fe, aumenta tu influencia y construye algo que cree un impacto duradero.

- Tu negocio es un ministerio. Ve tu negocio como una plataforma para servir a otros, glorificar a Dios y avanzar hacia Su Reino a través de la excelencia.

- La expansión requiere fe. Confía en la provisión y la dirección de Dios, incluso cuando los próximos pasos no sean del todo visibles.

- Las mejores empresas se basan en el servicio. Enfócate en satisfacer necesidades, resolver problemas y aportar valor a los demás, y el crecimiento vendrá solo.

- Busca primero el Reino, y todo lo demás vendrá por añadidura. Mantén a Dios como tu fundamento, y Él suplirá cada recurso que necesites.

- El éxito es obediencia, no sólo logros. Alinea tus objetivos con la voluntad de Dios y deja que la fidelidad defina tu éxito.

- El favor de Dios trae un aumento sobrenatural. Trabaja con integridad, honor y fe, y Dios multiplicará tus esfuerzos mucho más allá de lo que la capacidad humana por sí sola podría lograr.

- La multiplicación es un principio del Reino. Administra bien lo que Dios te ha dado, y Él te confiará mayores oportunidades de impacto.

Tu Tiempo de Prosperar Comienza Ahora

Has llegado al final de este libro, pero esto está lejos de ser el final de tu camino. Este es tu punto de partida. Ya tienes en tus manos las herramientas, la sabiduría y las estrategias divinas para entrar en todo lo que Dios ha preparado para ti. Nada de más dudas. Nada de más miedo. No sigas esperando el "momento perfecto", porque este es tu momento.

Dios te ha llamado a prosperar, a construir, a multiplicar y a transformar vidas. No para beneficio propio, ni para un éxito pasajero, sino con un propósito del Reino. Todo lo que has aprendido no es solo información, es revelación que debe ponerse en práctica. Las semillas de grandeza ya están en ti. Ahora toca cultivarlas. Regarlas con fe, esfuerzo y una confianza firme en Dios. El negocio que desarrolles, la riqueza que administres y las personas a las que sirvas forman parte de un plan mayor, una misión del Reino que va más allá de ti.

Fe En Lugar De Miedo, Acción En Lugar De Dudas

Durante demasiado tiempo, el miedo ha intentado hacerte creer que debías conformarte. Ya no más. No naciste para vivir limitado. No fuiste creado para simplemente sobrevivir. Fuiste diseñado para prosperar. Este es el momento en el que decides:

¿Crees que Dios es tu proveedor?

¿Confiarás en que Él ya te ha dado todo lo que necesitas para tener éxito?

¿Caminarás con fe, sabiendo que sus planes para ti son buenos, abundantes y con propósito?

Todo gran movimiento de Dios comienza con un acto de obediencia. ¿Cuál será tu primer paso?

Tu Futuro Te Está Esperando

Imagina dentro de un año. Cinco años. Diez años. ¿Mirarás atrás con arrepentimiento, deseando haber confiado más en Dios y haber dado ese paso de fe? ¿O mirarás con asombro al ver cómo Él multiplicó tu obediencia y convirtió tu fe en algo mucho más grande de lo que pudiste imaginar? La decisión está frente a ti.

El momento de construir es **ahora**. El momento de creer en grande, soñar a lo grande y confiar aún más profundo es **ahora**. El momento de entrar en la prosperidad, la influencia y el impacto del Reino es **ahora**.

Dios está esperando tu "sí". El cielo te respalda. Ya tienes acceso a los recursos, las conexiones y la sabiduría que necesitas por medio de la fe. Solo falta que te muevas.

Fuiste creado para esto. Fuiste diseñado para prosperar. Así que ve. Entra en tu destino. Confía en Dios como nunca antes. Construye con valentía. Sirve con excelencia. Camina en abundancia divina. El Reino te está esperando. *Tu momento es ahora. Ve. Construye. Sirve. Prospera.*

SOBRE EL AUTOR

Maria Watkins es una seguidora fiel de Jesús, emprendedora del Reino y autora de Hope Yet Again y How a Young Person Can Stay Pure. Es fundadora de Empowered Legacy Ministries, un ministerio en el que prepara y guía a emprendedores para que vivan con valentía el propósito que Dios les ha dado. A través de su trabajo, Maria enseña a dirigir los negocios con fe, integridad y sabiduría bíblica, alineando el éxito con el propósito divino.

Desde hace más de ocho años, su caminar con Dios ha sido un testimonio de sanación, propósito y fe firme. En medio de desafíos y victorias, el Señor le ha mostrado su verdadera identidad y ha despertado en ella una pasión por ayudar a otros a abrazar la vida abundante que Él ha preparado. Como madre de dos jóvenes temerosos de Dios, Maria considera un honor guiar a su familia en la fe e inspirarlos a seguir su llamado con valentía.

Tiene una licenciatura en Ingeniería Informática y un título técnico en Diseño y Rediseño, combinando habilidades técnicas con una mirada creativa. También se graduó en un colegio bíblico con énfasis en administración financiera y completó estudios avanzados en entrenamiento profético y apostólico en RIG University. Su formación diversa y su historia personal de restauración la capacitan para acompañar y orientar a líderes con visión de Reino, ayudándolos a prosperar en su propósito y dejar una huella duradera.

Con un fuerte compromiso en formar personas y familias resilientes y enfocadas en su propósito —especialmente padres y madres solteros—, Maria se apoya en su propia historia para inspirar a otros. Acompaña a emprendedores del Reino a construir negocios basados en principios bíblicos y con impacto eterno. Su mayor alegría es ver a las personas liberarse de sus limitaciones y avanzar con seguridad hacia los planes extraordinarios que Dios tiene para sus vidas.

En todo lo que hace, Maria tiene una misión clara: preparar líderes para prosperar, superar obstáculos y dejar un legado duradero en el Reino.

www.ingramcontent.com/pod-product-compliance
Lightning Source LLC
Chambersburg PA
CBHW071301130626
46556CB00003B/1411